Gulliver Taschenbuch 490

W0012545

Dagmar Matten-Gohdes, geboren 1939 in Pommern, ist in Duisburg aufgewachsen. Sie arbeitete viele Jahre als Lehrerin. Nebst verschiedenen Aufsätzen für Zeitungen und Zeitschriften schrieb sie auch Kindertheaterstücke. Im Programm Beltz & Gelberg erschienen bereits *Goethe ist gut* (Gulliver Taschenbuch 44) und *Heine ist gut* (Gulliver Taschenbuch 281).

Stephan Rürup, geboren 1965; Studium der Visuellen Kommunikation an der Fachhochschule Münster. Er lebt als freischaffender Illustrator und Cartoonist in Münster und in Frankfurt am Main. Im Programm Beltz & Gelberg erschien von ihm das Bilderbuch *Monstersonntag* (Gulliver Taschenbuch 417).

Dagmar Matten-Gohdes

Schiller ist gut

Ein Schiller-Lesebuch

Mit Federzeichnungen von
Stephan Rürup

www.beltz.de
Gulliver Taschenbuch 490
Originalausgabe
© 2002 Beltz & Gelberg
in der Verlagsgruppe Beltz • Weinheim Basel Berlin
Alle Rechte vorbehalten
Lektorat: Frank Griesheimer
Neue Rechtschreibung
Einbandgestaltung: Max Bartholl
Gesamtherstellung: Druckhaus Beltz, Hemsbach
Printed in Germany
ISBN 3 407 78490 2
2 3 4 5 6   07 06 05 04 03

Inhalt

Vorwort

Zwei bedeutende Männer stehen auf dem Denkmalsockel in der thüringischen Stadt Weimar, die zum Ausklang des zwanzigsten Jahrhunderts Weltkulturerbe wurde. Hand in Hand stehen sie dort, der eine ist Goethe, der andere Schiller. Zwei Männer von gleichem Rang offenbar, schöne Männer obendrein. Die Deutschen können sich etwas auf die beiden einbilden, zumal diese unvergleichbar gut dichten konnten und der Nachwelt so genannte »unsterbliche« Werke hinterließen.

Aber: Müssen wir heute unbedingt lesen, was die beiden vor zweihundert Jahren geschrieben haben? Was haben wir mit den alten Geschichten und Gedichten zu schaffen? Es gibt so vieles zu lesen und zu betrachten. Reicht es nicht, wenn wir wissen, dass diese Männer keine Boxer oder Musiker waren, sondern berühmte Dichter aus dem achtzehnten Jahrhundert? Aus welchem Grund sollten wir Kenntnisse über ihr Leben und Schaffen erwerben, zumal wir keinen Profit daraus gewinnen wie beispielsweise aus den Kenntnissen über den Umgang mit elektronischen Medien?

Das sind Fragen, die jeder für sich selbst beantworten darf, denn zur Klassiker-Lektüre wird heute niemand genötigt. Außer natürlich in der Schule, wo die wichtigsten Werke von Schiller und Goethe zum Lehrplan gehören. Allzu viel Zwang wird jedoch in der Hinsicht den Schülern selten angetan.

Gewiss ist es die Neugier, die tagtäglich viele hundert oder tausend Touristen nach Weimar führt. Allerdings hat die

Neugier viele Gesichter – und sie treibt bisweilen seltsame Blüten. Wenn man durch Weimar läuft, kann man der Allgegenwärtigkeit von Schiller und Goethe nachspüren, vor allem in den Wohnhäusern der Dichter und den angeschlossenen Museen, die interessant und gleichzeitig voller Zuneigung zu den Gewürdigten eingerichtet sind. Die Bildnisse beider begegnen den Besuchern der Stadt aber auch auf Büchern und Postkarten, auf Vasen und Gläsern, auf Sparschweinen und Dosen, auf T-Shirts und Taschen und anderem Kram. Man kann auch die Büsten und die Totenmasken der beiden erwerben. Es kam sogar schon mehrmals vor, dass die Dichter auf dem Sockel einen Fototermin mit einer Werbeagentur hatten. Danach konnten die Leute Goethe und Schiller im Wurst- und Schinkenregen stehen sehen. Der eine hatte eine lange Wurst, der andere einen Wurstkringel in der Hand. Der Blick der beiden blieb undurchdringlich wie zuvor. Stolz und erhaben schauten sie über ihre Erben hinweg in die Ferne. Was diese heute mit ihnen anstellen, hätten sie sich nie träumen lassen.

Apropos träumen: Wenn die Touristen vor den Grabstätten in der Fürstengruft stehen, können sie nicht sicher sein, dass wirklich auch Schiller dort seine ewige Ruhe fand. Nach seinem Tod war er in einem anderen Leichengewölbe beigesetzt worden. Zwei Jahrzehnte später wählte der Bürgermeister von Weimar den schönsten und am besten erhaltenen Schädel aus der Ansammlung alter Gebeine aus und behauptete, es sei der von Schiller. Vielleicht war nur der Wunsch der Vater dieser Behauptung. Jedenfalls steht auf der Brötchentüte eines Bäckers der Stadt der schöne Reim: »Selbst Goethe in der Fürstengruft / wird wach durch Schulzes Brötchenduft.« Entweder kann der eine Verblichene besser riechen – oder Schiller fand seine letzte Ruhestätte nicht neben Goethe.

Es ist einerlei. Die Knochen sind nicht das Wichtigste an Schiller. Seine Bedeutung ist ebenso groß wie die Goethes. Der wusste das und schrieb einige Wochen nach Schillers Tod in einem Brief: »Ich verliere die Hälfte meines Daseins.«

Diese beiden Männer, sie allein, waren es, die die Werke schufen, welche man später die »Weimarer Klassik« nannte. Muss man da nicht neugierig werden? In anderen europäischen Ländern wie England oder Frankreich gehörten jeweils zahlreiche zeitgenössische Dichter zur Klassik, in Deutschland war Schiller deren eine Hälfte, Goethe deren andere. Erlauben wir uns zwischendurch eine nicht ganz ernste Überlegung: War es ein Pech für Schiller, dass es diese andere Hälfte gab? Würden die für Deutschlands Ansehen in der Welt wichtigen Goethe-Institute sonst seinen Namen tragen? Vielleicht pfeift er uns da oben eins für diese Überlegung. Goethe bedeutete ihm viel. Und er musste sich diesem nicht unterlegen fühlen. In einem seiner Briefe können wir lesen:

»Man wird uns, wie ich in meinen mutvollsten Augenblicken mir verspreche, verschieden spezifizieren, aber unsere Arten einander nicht unterordnen, sondern unter einem höheren idealistischen Gattungsbegriffe einander koordinieren.«

Der Ruhm, den sich Schiller und Goethe mit ihren Texten erwarben, hat sich inzwischen zu einem großen Teil in Werbewirksamkeit verwandelt. Die Ausbeutung der beiden Dichter zu Marketing-Zwecken ist ungeheuer groß. Schiller

und Goethe werben nun für Produkte und Regionen, mit ihrem Bildnis und ihren Zitaten kann man Geschäfte machen. Die Verstümmelungen und Abwandlungen ihrer Texte tun oft weh, lassen meist jeden Respekt gegenüber den Werken vermissen. Gerade deshalb sollte man die Originaltexte lesen. Man muss ja nicht gleich das gesamte Werk kennen lernen, damit wäre jeder überfordert. Glücklicherweise werden die Theaterstücke von Schiller und Goethe immer noch auf-

geführt und ihre Bücher immer noch gedruckt. Ist da nicht für jeden etwas dabei, obwohl sich unsere Gesellschaft und unsere Sprache verändert haben? Die Dichter sollten nicht nur den Werbeleuten und den Wissenschaftlern, sondern auch uns »normalen« Lesern ein bisschen wichtig sein. Hin und wieder sollten wir ihnen, auch im einundzwanzigsten Jahrhundert, eine Treue beweisen, die sie verdient haben. Seien wir also, dieses Mal, auf Schiller neugierig.

Die Kindheit

I

Eltern, die ich zärtlich ehre.
Mein Herz ist heut voll Dankbarkeit.
Der treue GOTT dies Jahr vermehre
Was Sie erquickt zu jeder Zeit.

II

Der Herr, die Quelle aller Freude
Verbleibe stets Ihr Trost und Teil.
Sein Wort sei Ihres Herzens Weide
Und JESUS Ihr erwünschtes Heil.

III

Ich dank vor alle Liebes Proben:
Vor alle Sorgfalt und Geduld,
Mein Herz soll alle Güte loben
Und trösten sich stets in Ihrer Huld.

IV

Gehorsam; Fleiß und zarte Liebe
Verspreche ich auf jedes Jahr.
Der Herr schenk mir nur gute Triebe
Und mache all mein Wünsch wahr. Amen

Johann Christoph Friderich Schiller
Den 1 Januarii Anno 1769

Dieses Neujahrsgedicht schrieb ein neunjähriger Junge für seine Eltern. Er hatte sich Mühe gegeben, auch mit der Schrift, und ihm gelangen gute, fromme Verse. Zu der Zeit wollte er noch nicht Dichter werden, sondern Pfarrer. Das war auch im Sinne des Vaters, der schon am Tag der Geburt den Wunsch geäußert hatte, der Sohn möge im Leben mehr erreichen als er selbst. Johann Kaspar Schiller, Leutnant in der württembergischen Armee des Herzogs Karl Eugen, hielt sich an jenem 10. November 1759 im Feldlager auf. Man befand sich im Siebenjährigen Krieg und der Herzog hatte sich mit Österreich gegen die Preußen verbündet.

Kaspar Schiller wurde nach zehnjähriger Ehe und zwei Jahre nach der Geburt einer Tochter endlich Vater eines Sohnes. In der kleinen Stadt Marbach am Neckar fand schon am 11. November die Taufe statt. Der Kleine hatte sehr viele Paten, unter denen auch bekannte Persönlichkeiten der Stadt waren. Im Allgemeinen waren so zahlreiche Taufpaten bei Familien, die in einfachen Verhältnissen lebten, nicht üblich, aber Kaspar Schillers eigene Erfahrungen hatten ihn gelehrt, dass es nur gut sein konnte, Beziehungen zu haben.

Noch wichtiger war für ihn eine gründliche Ausbildung zu einem angesehenen Beruf. Er selbst hatte nach dem Tod seines Vaters alle Hoffnungen auf ein Studium aufgeben müssen und sich zum Barbier ausbilden lassen. Nach den Lehrjahren ging er auf Wanderschaft und ließ sich als Soldat werben. Er nahm an mehreren Schlachten teil, wurde verwundet und geriet auch in Gefangenschaft. Im Jahr 1748 machte er einen Besuch bei Verwandten in Marbach und blieb in der Stadt. Er konnte nach bestandener Prüfung, die zwei Leibärzte des Herzogs durchführten, als Wundarzt arbeiten und heiratete schon im Jahr 1749 die neun Jahre jüngere Elisabetha Dorothea Kodweiß, eine Bäckerstochter. Leider erfüllten sich seine Hoffnungen auf eine ansehnliche Mitgift nicht, denn sein Schwiegervater war verschuldet. Kaspar musste sogar mit eigenem Geld helfen. Er kaufte dem Schwiegervater die Hälfte seines Hauses ab, wollte dann aber nicht länger in Marbach bleiben. Im Jahr 1753 wurde er wieder Soldat.

Die arme Elisabetha Dorothea litt gewiss unter diesen Umständen. Sie lebte mit ihren Kindern bis zu Beginn des Jahres 1764 in Marbach und besuchte gelegentlich ihren Mann in den Winterquartieren. Kaspar wurde Hauptmann und etwas später Werbeoffizier in Schwäbisch-Gmünd. Da dort das Leben zu kostspielig war, zog die Familie nach Lorch. Der kleine Friedrich war vier Jahre alt, Christophine sechs und im Jahr 1766 wurde Louise geboren. Viel später, 1777, bekam der Junge noch eine dritte Schwester.

Friedrich war ein freundliches, lebhaftes Kind. Er sah seiner Mutter ähnlich. Wie sie war er schlank, hatte rötliche Haare, Sommersprossen und empfindliche Augen. Er hatte keine robuste Natur und war oft krank. Die Mutter war sehr liebevoll und ausgleichend, während der Vater sich oft streng, jähzornig und ungeduldig verhielt. Um die gründliche Erziehung des Sohnes kümmerte er sich frühzeitig, weniger um die der Mädchen. Sein Ehrgeiz betraf nur den Jungen. In einem Brief aus dem Jahr 1796 klagte die Mutter ihrem berühmten Sohn ihr Leid und berichtete ihm auf vielen Seiten, wie heftig, grob und kalt ihr Mann sich immer verhalten und dass er nur an sich gedacht habe. Seine eigenen Begierden und Leidenschaften seien ihm wichtiger gewesen als eine gute Erziehung der Töchter. Diese hätten seiner Ansicht nach nichts anderes lernen sollen, als einem Handwerker in der Ehe ordentlich den Haushalt zu führen. So musste Elisabetha Dorothea Schiller dafür sorgen, dass ihre Töchter ein wenig Bildung erhielten. Es kostete die schwächliche und gesundheitlich angegriffene Frau viel Kraft, sich gegen ihren Mann durchzusetzen.

Friedrich wurde schon mit fünf Jahren Schüler in der Lorcher Dorfschule, wo er lesen und schreiben lernte. Das genügte dem Vater aber nicht und so erhielt der Junge auch privaten Unterricht bei dem protestantischen Pfarrer Philipp Ulrich Moser. Mit sechs Jahren lernte er Latein, mit sieben etwas Griechisch. Friedrich verehrte Moser. Er fühlte sich in seinem Unterricht wohl und wollte wie der Lehrer ein Pfarrer werden. Manchmal ließ er sich von seiner Mutter oder seiner Schwester eine schwarze Schürze umbinden und hielt eine Predigt. Wehe, es lachte jemand. Dann konnte er, wie sich die Schwester in späteren Jahren erinnerte, zornig werden und fortlaufen. Dem frommen Pfarrer setzte Schiller in seinem ersten Theaterstück »Die Räuber« ein Denkmal. Er hätte ihn gewiss in seinen Memoiren erwähnt, aber es gibt keine Lebenserinnerungen des Dichters. Wir müssen uns auf Briefzitate beschränken.

Als Friedrich sieben Jahre alt war, zog die Familie nach Ludwigsburg, wohin der Vater versetzt worden war. Er besuchte die Lateinschule, in der er ein guter Schüler war. Die Lehrer waren pedantisch und streng und ließen die Schüler den Lehrstoff auswendig lernen. Obwohl der Junge häufig krank war, schaffte er die sehr schwierigen »Landexamen«. Einmal jährlich musste er wegen dieser Landesprüfungen

*nach Stuttgart fahren. Das waren keine angenehmen Tage.
An diese in Württemberg berüchtigten Prüfungen haben sich
auch andere, beispielsweise der schwäbische Dichter Eduard
Mörike, mit Grauen erinnert.*

*Der kleine Schiller war zielstrebig. Nach dem Schulab-
schluss hätte einer theologischen Laufbahn, die in einem
Priesterseminar begonnen und dann vielleicht im Tübinger
Stift beendet worden wäre, nichts mehr im Wege gestanden.
Ein solches Studium bedeutete für die mittellose Jugend des
Landes Württemberg den einzigen Weg in eine angesehene
Position und konnte auch in den Bereich der Geisteswissen-
schaften, in die Welt der Philosophie und Dichtung führen.*

*Es kam jedoch anders. Der Herzog Karl Eugen, Macht-
haber des Landes Württemberg, entschied über die Jugend-
jahre Friedrich Schillers.*

*Fünfundzwanzig Jahre lang hatte der Herzog ein ausschwei-
fendes Leben mit kostspieligen Festen und prunkvollen
Theateraufführungen geführt und sich mehr um prächtige
Bauwerke als um die Bürger und die Jugend Kopfzerbre-
chen gemacht. Wegen seiner Geldverschwendung und der
hohen Staatsschulden kam es zu vielen Auseinandersetzungen mit den Landständen, die schließlich bei dem Reichshof-
rat in Wien gegen ihn klagten. Danach musste sich Karl
Eugen besinnen, wie er seinen Untertanen bessere Lebensbe-
dingungen schaffen könne, und er richtete zu den wenigen
bestehenden Schulen weitere ein, um nun als Pädagoge
Ruhm und Bedeutung zu erlangen. Er gründete auch seine
»militärische Pflanzschule«, eine Lehranstalt, in der begabte
Jungen zu Offizieren und Beamten erzogen wurden. Auf
diese Weise wollte sich der Herzog die künftigen Diener des*

Landes heranziehen. Die Schulen mussten ihm geeignete
Schüler aus Offiziers- und Beamtenfamilien melden. Der
Lateinlehrer der Ludwigsburger Schule erfüllte seine Pflicht
ebenso, wie es auch von Kaspar Schiller verlangt wurde. Der
Vater musste vor dem Herzog erscheinen, der ihm befahl,
seinen Sohn in diese kostenlose Schule zu bringen. Es nutzte
nichts, dass Kaspar mehrmals von seinem und seines Sohnes
Berufswunsch sprach, mit untertänigster Verbeugung. Der
Herzog ließ sich nicht erbitten. Friedrich könne ebenso gut
Jurist werden und das Land würde für ihn besser sorgen als
die protestantische Kirche. Er verlangte, dass der Junge am
16. Januar 1773 auf Schloss Solitude in der Nähe von Stuttgart erscheine, wo diese Schule, die so genannte Hohe Karlsschule, untergebracht war. Der Vater musste schriftlich dafür
bürgen, dass sein Sohn »sich gänzlich dem Dienste des
Herzogischen Württembergischen Hauses widmen und ohne

17

darüber zu erhaltende gnädigste Erlaubnis aus demselben zu treten nicht befugt sein solle«.

Ein Landesherr verfügte über einen Jungen, der sich nicht wehren konnte, zerstörte seine Berufspläne und in großem Maße auch seine Jugend. So sah es Schiller selbst, wie er später in verschiedenen schriftlichen Äußerungen bekundete. Jedoch werden seine Ausbildungsjahre inzwischen in der Literaturwissenschaft unterschiedlich beurteilt. Die einen sehen Karl Eugen als modernen Förderer der Jugend und weisen auf die ehemaligen Schüler seiner Pflanzschule hin, die dort nicht so schrecklich gelitten und immerhin im Leben viel erreicht hätten. Sie bezeichnen den jungen Schiller als zu empfindsam, sozusagen als Mimose. Die anderen widersprechen und finden, dass der Herzog genau das Gegenteil der Erziehungsziele, die von den fortschrittlichen Philosophen und Pädagogen jener Zeit angestrebt wurden, im Sinn gehabt und die Zöglinge seiner Schulen gerade nicht zu emanzipierten Menschen erzogen habe.

Friedrichs Kindheit nahm jedenfalls ein jähes Ende. Als der Dichter viele Jahre später seine Zeitschrift »Thalia« ankündigte, warb er mit anrührenden Worten um Leser:

Acht Jahre lang rang mein Enthusiasmus mit der militärischen Regel, aber Leidenschaft für die Dichtkunst ist feurig und stark, wie die erste Liebe. Was sie ersticken sollte, fachte sie an. Verhältnissen zu entfliehen, die mir zur Folter waren, schweifte mein Herz in eine Idealenwelt aus – aber unbekannt mit der wirklichen, von welcher mich eiserne Stäbe schieden – unbekannt mit den Menschen – unbekannt mit den Neigungen freier, sich selbst überlassener

Wesen (…) unbekannt mit dem schönen Geschlechte –, die Tore dieses Instituts öffnen sich, wie man wissen wird, Frauenzimmern nur, ehe sie anfangen, interessant zu werden, und wenn sie aufgehört haben, es zu sein – unbekannt mit Menschen und Menschenschicksalen (…)

Schulzeit in der Akademie

Friedrich hatte nicht viel im Gepäck, als er sich mit seinem Vater auf den dreieinhalbstündigen Fußmarsch nach Schloss Solitude machen musste. Er hatte weniger Kleidungsstücke als Bücher bei sich, zwei Hemden, eine Hose, vier Paar Strümpfe, aber fünfzehn lateinische Bücher. Außerdem besaß er 43 Kreuzer. Es war kalt und der Junge war unglücklich. Er ahnte wohl, was ihn in den kommenden Jahren erwartete.

Die neue Schule, die schon bald nach Schillers Eintritt zur Herzoglichen Militärakademie ernannt wurde, wurde sehr militärisch geführt. Der Schulleiter war ein Oberst, die Aufsichtspersonen Offiziere und Unteroffiziere. Sie verfügten über jede Minute der Schüler, gaben strenge Regeln für den Tagesablauf, gewährten keine Freizeit und keinen Urlaub und auch der Besuch der Eltern war nur selten erlaubt und musste bei dem Herzog beantragt werden. Der Herzog bezeichnete sich als »Vater« der jungen Menschen, die er der eigenen Familie entfremdete, und verlangte für seine Mätresse Franziska von Hohenheim die Anrede »Mutter«. Bei Schulfesten hörte er sich zufrieden die verlogenen Lobesreden an.

Die Jungen wurden gedrillt. Vor allem ihre äußere Erscheinung musste tadellos sein. Die Uniform bestand aus einer blauen Jacke mit schwarzen Aufschlägen, einer weißen Weste und Hose, wozu die Schüler Stulpenstiefel, einen Degen und einen Dreispitz trugen. Es war ein schlimmes Vergehen, wenn die Zopfperücke oder die Uniform nicht perfekt saßen.

Der Eleve Schiller wurde deswegen oft getadelt. In einem Bericht an den Herzog, den die Schüler über sich selbst schreiben mussten, erwähnte der arme Junge, er sei nicht reinlich genug. Solche Berichte mussten die Schüler auch über andere verfassen, das heißt, sie wurden zum Denunzieren angehalten. Außerdem waren Huldigungsbriefe an den Herzog zu schreiben und so wurden die Akademisten regelrecht zur Unehrlichkeit gezwungen. Friedrich war fünfzehn Jahre alt, als er folgenden Brief schrieb:

(...) Sehen Sie mich, Durchlauchtigster Herzog, in der Mitte meiner Brüder, forschen Sie von ihnen selbst, wie ich mich bisher gegen dieselben aufgeführt habe. Sie werden mich eigensinnig, hitzig, ungeduldig hören müssen, doch werden dieselben Ihnen auch meine Aufrichtigkeit, meine Treue, mein gutes Herz rühmen. Aber die schönen Gaben, die ich habe, habe ich bisher nicht so angewendet, als es mir meine Pflichten aufgelegt haben. Nun sehe ich mich von der Unzufriedenheit gedrückt, die ich verdiene, allein ich kann doch einigermaßen Entschuldigung finden; dann wann der Körper leidet, so leiden auch mit ihm die Kräfte der Seele und der Wille wird durch Leibesschwachheiten öfters gehindert, in Erfüllung zu gehen. Ebenso habe ich Reinlichkeit am Körper bisher nicht so beachtet, als es meine Schuldigkeit gewesen. Aber verzeihen Sie mir, Durchlauchtigster Herzog, diese Fehler, denken Sie an die Gnade zurück, die meine Eltern und ich selbst aus Ihrer Hand empfangen haben. Es ist Ihnen schon bekannt, gnädigster Herzog, mit wie viel Munterkeit ich die Wissenschaft der Rechte angenommen habe, es ist Ihnen bekannt, wie glücklich ich mich schätzen würde, wenn ich durch dieselbe meinem Fürsten, meinem Vaterland dereinst dienen könnte, aber weit glücklicher würde ich mich halten, wenn ich solches als Gottesgelehrter ausführen könnte (...)

Das war kein ungeschickter Versuch, den Herzog gnädig zu stimmen. Der Junge konnte schreiben und erklärte mit klugen Worten, wie wichtig die Gesundheit für eine gute Ausführung der Pflichten sei. Auch hoffte er wohl immer noch, dass es einmal möglich sei, in Tübingen als Pfarrer ausgebildet zu werden. In seiner kindlichen Ehrlichkeit erwähnt er seinen Wunsch. Sein Brief enthält zahlreiche devote Formulierungen, denn in diesem Stil mussten die Zöglinge ihren »Vater« ansprechen.

Friedrichs Hoffnung konnte sich nicht erfüllen. Der Herzog nahm auf persönliche Wünsche seiner »Söhne« keine Rücksicht und wollte selbst auf die schlechtesten Schüler nicht verzichten.

Und in Tübingen hätte sich Friedrich ebenfalls einem streng geregelten Leben und Studium unterziehen müssen, denn auch andere Schulen wurden nach dem Vorbild der Hohen Karlsschule des Herzogs geführt. Aber dort hätte er immerhin ein Ziel angestrebt, das er sich selbst gesetzt hatte, hätte sich schon aus diesem Grund bei allem Angepasstsein freier fühlen und mit mehr Lust lernen können.

Die Schüler mussten im Sommer um fünf und im Winter um sechs Uhr aufstehen, sich ankleiden und dann ihr Äußeres kontrollieren lassen, bevor sie frühstücken durften. Der Unterricht dauerte von sieben bis elf Uhr. Von elf bis zwölf wurden sie zur Musterung vor den Landesherrn befohlen, natür-

lich in der Paradeuniform. Da der Herzog rotes Haar nicht leiden konnte, musste Friedrich Schiller sein Haar weiß pudern. Im Schuletat waren 461 Gulden (nach heutiger Währung ungefähr 5000 Euro) für 40 Zentner Puder vorgesehen! Nach einem Spaziergang unter Aufsicht, aufgeteilt in eine Reihe Adeliger und eine Reihe Bürgerlicher, wurde das Mittagessen eingenommen. Zuerst musste aber auf Kommando gebetet werden. Alle Hände falteten sich gleichzeitig zum Gebet, alle Löffel wurden gleichzeitig in die Suppe getaucht, alle standen gleichzeitig vom Tisch auf, morgens, mittags und abends. Nach der Mittagsmahlzeit standen ein Spaziergang und Exerzieren auf dem Stundenplan und von vierzehn Uhr bis achtzehn Uhr war wieder Unterricht. Die Zeit vor dem Abendessen war für eigenes Lernen nach genauer Vorschrift zu nutzen und nach dem Essen war Bettruhe. Der Mond beschien die Schläfer durch vergitterte Fenster.

Acht Jahre lebte Friedrich unter solchem Zwang. Nie waren er und seine Kameraden oder Lehrer sicher vor der Kontrolle des Herzogs, der in jede Tür ein Loch hatte bohren lassen. Karl Eugen kümmerte sich um alles, und man musste in jeder Stunde, auch nachts, damit rechnen, dass er durch die Gänge schlich. Er selbst war auch die strafende Instanz, nicht etwa die Lehrer und Aufseher, die allerdings sehr oft, schon beim kleinsten Vergehen, Strafzettel verteilen mussten. Der Herzog las diese Zettel, die die Schüler im Knopfloch tragen mussten, bei der täglichen Musterung und ordnete sofort die Strafe an, Stockschläge, Rutenhiebe und Fasten.

Wie hielt Friedrich Schiller dieses Leben aus? Er war ängstlich in der Schule angekommen und musste sehr bald die Erfahrung machen, dass alles noch viel schlimmer war, als

er gefürchtet hatte. Er wurde kein guter Schüler. Seine Leistungen waren nur im ersten Jahr in Latein und Griechisch ordentlich und er bekam auch einen Preis. Er hatte in Griechisch die beste Übersetzung von Äsops Fabeln geschafft. Die Preise wurden an den Jahrestagen der Gründung der Karlsschule, am 14. Dezember, vergeben. Diese Orden und Medaillen sollten die Schüler anspornen. Im zweiten Jahr war Friedrich nur der Siebte unter elf Schülern seiner Altersstufe und im dritten Jahr der Letzte. Die Lehrer führten die schlechten Leistungen auf seine angegriffene Gesundheit zurück. Er lag in den beiden ersten Jahren siebenmal im Krankenzimmer. Seine Krankheiten hatten wohl physische wie psychische Gründe. Die innere Abwehr gegen diese Erziehung lähmte seine Fröhlichkeit und seinen Lerneifer. Auch

der juristische Lernstoff, mit dem er sich seit dem dritten
Jahr auseinander zu setzen hatte, behagte ihm nicht und in-
teressierte ihn nicht.
Als Schiller sechzehn Jahre alt geworden war, zog die Aka-
demie nach Stuttgart in die neue Kaserne hinter dem Resi-
denzschloss um. Es war ein feierlicher Festzug, den der
Herzog anführte. Die Bürger streuten aus den oberen Stock-
werken der Häuser Blumen auf die Schüler. In dem neuen
Gebäude stand auch ein zusätzliches Fach auf dem Lehr-
plan, die Medizin. Da Friedrich Schiller kein guter Jurist zu
werden versprach, teilte ihn der Herzog dieser Fakultät zu
und versprach dem enttäuschten Vater Kaspar, dass der
Sohn als fertiger Mediziner schnell eine vorteilhafte Stelle
bekommen werde. Es gebe zu viele Jurastudenten auf der
Akademie. Auch dieses Mal nutzte kein Widerspruch, der
Wille Karl Eugens war Befehl. Kaspar musste sich einver-
standen erklären, zumal er dem Herzog seine Stellung als
Aufseher in den Parkanlagen des Schlosses verdankte.
Nach erstem Unbehagen fand sich Friedrich mit diesem Stu-
dium ab. Er erhoffte sich dadurch mehr Freiheit. Ihm schien
die Medizin der Poesie verwandter als Jura; solche Hoffnun-
gen konnte er allerdings nur deshalb haben, weil die medi-
zinische Wissenschaft zu jener Zeit noch nicht sehr fort-
geschritten war.
Friedrich hatte einen Weg gefunden, den Zwang zu ertragen.
Er hatte die Poesie entdeckt und schrieb selbst Verse. Einige
wurden in dem »Schwäbischen Magazin von gelehrten Sa-
chen« abgedruckt. Diese Zeitschrift gab sein Lehrer Baltha-
sar Haug heraus, der an der Karlsschule Professor für Philo-
sophie, Geschichte, deutschen Stil und einige andere Fächer

war. Karl Eugen hatte begriffen, dass er junge, gute Lehrer mit modernen Ideen und Zielsetzungen an seine Schule holen musste. Das hieß nicht, dass er die militärische Erziehung ändern wollte, aber er gewährte den jungen Menschen wenigstens einen Anteil an intellektueller Bildung. Den Professor für Psychologie, Philosophie und Moral Friedrich Abel schätzte Friedrich am meisten und er befreundete sich mit ihm. Dieser Mann übte durch die Anstöße, die er gab, wesentlichen Einfluss auf Schillers weiteres Leben aus. Er machte die Schüler mit einer Moralphilosophie bekannt, die zum Inhalt hatte, dass die Tugend die fortschreitende Entwicklung aller Kräfte des Menschen zur Vollkommenheit sei. Davon war Schiller sein Leben lang überzeugt und er schrieb in vielen Abhandlungen darüber. Unter dem Begriff »Tugend« verstand er ein anständiges, an ethischen Werten orientiertes Handeln, das nicht nur aus Pflichtgefühl erfolgt, sondern auch aus Neigung.

Von Abel erfuhren die jungen Leute endlich auch etwas über die Dichter des Sturm und Drang. Goethes Drama »Götz von Berlichingen« und sein Briefroman »Die Leiden des jungen Werther«, die Schiller und einige Freunde längst heimlich gelesen hatten, wurden die wichtigste und beeindruckendste Lektüre für die Karlsschüler. Durch Abel lernten sie auch Schubarts politische Gedichte, Klopstocks Oden und Shakespeares »Othello« kennen. Wie Abel später berichtete, lieh sich Schiller nach der Shakespeare-Vorlesung das Buch aus und las es immer wieder.

Friedrich genoss Abels Vorlesungen und konnte sich zum ersten Mal, seitdem er in der Akademie war, richtig begeistern. Die Hohe Karlsschule hatte nicht mehr nur Schatten-

seiten für Schiller. Allmählich veränderte er sich. Er wurde selbstbewusster, erreichte bessere Noten und war nicht mehr so oft krank. Er schrieb Verse im Stil Klopstocks und suchte nach einem Stoff für ein Drama.

Mit einigen Freunden konnte er diese Neigungen teilen. Das Recht, sich in ein junges Mädchen zu verlieben, blieb ihm leider versagt, da keines je die Schwelle seiner Schule überschritt. So richteten sich seine jungen und tiefen Gefühle auf Mitschüler, und er reagierte empfindlich, wenn er sich nicht verstanden fühlte. Eine große Enttäuschung, quälend wie jeder Liebeskummer eines jungen Menschen, erlebte er, als sein vertrautester Freund, Georg Scharffenstein, sich mit einem Mitschüler befreundete und sich von ihm zurückzog. Schiller hatte Scharffenstein zärtliche Gedichte gewidmet und nun machte er ihm aus Eifersucht heftige Vorwürfe. Scharffenstein wiederum beschuldigte ihn, er sei ein Phan-

tast und seine Poesie sei unecht, das Gefühl »liege nur in der Feder« und sei bei Klopstock angelesen. Dieses strenge Urteil war zum Teil berechtigt.

Was hätte das für eine Freundschaft sein können! (…) Du warst nicht mein Freund! Du hättest Achtung vor mir haben müssen, wie ich vor dir; denn wenn man eines Freund ist, muss man in ihm die Eigenschaften verehren, die ihn verehrenswert machen, aber, aber – möge das dein Herz nicht treffen wie der Donnerschlag – du hast nichts auf mich gehalten, du hast meine Fehler, für die ich doch täglich Reue und Leid fühle, lächerlich, dich darüber lustig gemacht, und da es deine Freundschaftspflicht gewesen wäre, mir in Liebe und Kälte solche zu rügen, mir verhehlt, hast sie mir nur im Zorn vorgeworfen. Pfui! Pfui! der schändlichen Seele (…)
F e r n e r. Du hast dich über meine Laster lustig gemacht! Du erkanntest meine Eigenliebe. – Lieber himmlischer Vater, ich erkenn dieses Laster als eins der schändlichsten. Wurzle mir's aus dem Herzen, lieber himmlischer Vater. Ich erkenn's, bereu's! – und du kanntest meine Eigenliebe –, und nun lass vorm Angesicht des N a h e n dir sagen: – du hast dich über mich lustig gemacht – du, mein Freund, vor den Leuten mich beschämt.

Schillers Brief an Scharffenstein zeigt nicht nur, wie sehr er sich getroffen fühlte, sondern ist auch schon ein früher Hinweis darauf, dass der Dichter immer, sein Leben lang, gute Freunde brauchte, mit denen er über seine Dichtung, über seine Gedanken und Pläne reden konnte. Das war ein inne-

res Bedürfnis und Voraussetzung für sein Schaffen. Glücklicherweise fand er solche Freunde.

Auch in einem Brief an einen anderen Freund verteidigte Schiller seine Gedichte, deren Ursprung das wahre Gefühl des Herzens sei. Sogar in diesen Briefen spürt man die Kraft und die Macht seiner Gefühle, und auch das blieb lebenslang ein Merkmal seiner Korrespondenz und bestimmte den sehr pathetischen Ton, der den Empfänger manchmal überfordern musste.

Zu Schillers ersten veröffentlichten Gedichten, zu denen »Der Abend« gehört, bemerkte sein Lehrer Haug: »Es dünkt mich, der Verfasser habe schon gute Autoren gelesen.« Auch in diesem Gedicht spielt gesteigertes Gefühl eine zentrale Rolle. Die sich abwechselnden Stimmungen der Natur und des lyrischen Erzählers stehen in einer Beziehung zueinander. Schiller hatte in Gesprächen mit seinen Kameraden oft davon gesprochen, dass Gedichte Schwung, Bilder und

Malerei haben müssen, und so malte er in der ersten Strophe einen Sonnenuntergang, der in der zweiten Strophe den Dichter zu göttlichen Gesängen anregt. Es ist ein langes Gedicht, hier mögen die ersten Strophen genügen:

DER ABEND

Die Sonne zeigt, vollendend gleich dem Helden,
Dem tiefen Tal ihr Abendangesicht,
(Für andre, ach! glücksel'gre Welten
Ist das ein Morgenangesicht).
Sie sinkt herab vom blauen Himmel,
Ruft die Geschäftigkeit zur Ruh,
Ihr Abschied stillt das Weltgetümmel
Und winkt dem Tag sein Ende zu.

Jetzt schwillt des Dichters Geist zu göttlichen
Gesängen,
Lass strömen sie, o Herr, aus höherem Gefühl,
Lass die Begeisterung die kühnen Flügel schwingen,
Zu dir, zu dir, des hohen Fluges Ziel.
Mich über Sphären, himmelan, gehoben,
Getragen sein vom herrlichen Gefühl,
Den Abend und des Abends Schöpfer loben.
Durchströmt vom paradiesischen Gefühl.
Für Könige, für Große ists geringe,
Die Niederen besucht es nur –
O Gott, du gabest mir Natur,
Teil Welten unter sie – nur, Vater, mir Gesänge.

Ha! wie die müden Abschiedsstrahlen
Das wallende Gewölk bemalen,
Wie dort die Abendwolken sich
Im Schoß der Silberwellen baden;
O Anblick, wie entzückst du mich!
Gold, wie das Gelb gereifter Saaten,
Gold liegt um alle Hügel her
Vergöldet sind der Eichen Wipfel,
Vergöldet sind der Berge Gipfel.
Das Tal beschwimmt ein Feuermeer,
Der hohe Stern des Abends strahlet
Aus Wolken, welche um ihn glühn,
Wie der Rubin am falben Haar, das wallet
Ums Angesicht der Königin.

Schau, wie der Sonnenglanz die Königsstadt
beschimmert,
Und fern die grüne Heide lacht;
Wie hier in jugendlicher Pracht
Der ganze Himmel niederdämmert;
Wie jetzt des Abends Purpurstrom,
Gleich einem Beet von Frühlingsrosen,
Gepflücket im Elysium,
Auf goldne Wolken hingegossen,
Ihn überschwemmet um und um.

*Eine weitere Äußerung Haugs zu den Versen des Karlsschü-
lers war: »Wir wollen sein Feuer bei Leibe nicht dämpfen;
aber (...) wenn einst vollends die Feile dazukommt, so dürfte
er mit der Zeit doch (...) seinem Vaterlande Ehre machen.«*

31

Damit behielt der Lehrer Recht. Von Schillers ersten poeti-
schen Versuchen sind nur wenige erhalten und seine erste
Tragödie vernichtete er selbst.
Der Siebzehnjährige begeisterte mehrere seiner Mitschüler
für die Literatur. Sie trafen sich, um über Bücher zu reden,
und er deklamierte vor ihnen seine Gedichte. Sie litten mit
dem Dichter, Journalisten und Musiker Christian Daniel
Schubart, der auf der Festung Hohenasperg eingekerkert
war. Der Herzog hatte den schwäbischen Rebellen, der zum
Beispiel die Karlsschule verächtlich »Sklavenplantage« ge-
nannt hatte, heimtückisch durch einen gefälschten Brief nach
Württemberg gelockt und ihn gefangen nehmen lassen. Von
1777 bis 1787 blieb er in der Festung auf dem Hohenasperg
eingekerkert, wo Schiller ihn im Dezember 1781 besuchte.
Zu dem Zeitpunkt war er schon als der Dichter der »Räu-
ber« bekannt. Aber er wurde dem Gefangenen zunächst als
ein Freund Schillers vorgestellt, und erst nachdem Schubart
seine selbst verfasste Kritik des Stückes vorgelesen und den
Wunsch nach der Bekanntschaft mit dem jungen Dichter ge-
äußert hatte, gab sich dieser zu erkennen.
Schubarts mutige Gedichte und seine satirischen Texte inte-
ressierten und begeisterten diese jungen Leute, die in Unfrei-
heit lebten und ihre innere Freiheit aus der Beschäftigung
mit Literatur schöpften. Schiller war besonders gefesselt von
einer Erzählung Schubarts. Sie handelte von dem Konflikt
zweier ungleicher Brüder. Jener Stoff regte ihn an, das Dra-
ma »Die Räuber« und später die Erzählung »Der verlorene
Sohn« zu schreiben.
Dieses Drama des jugendlichen Dichters war Ausdruck sei-
ner Rebellion. Er wollte alles geben und mühte sich auch

nachts bei schwachem Kerzenlicht, immer mit der Angst, von einem Aufseher oder vom Herzog entdeckt und bestraft zu werden. Morgens war er übermüdet. Er war von der Arbeit besessen, und dieser Drang, nachts zu schreiben, kennzeichnete auch im weiteren Leben seine Arbeitsweise.

Wegen der notwendigen Vorbereitungen für die Schule und schließlich wegen der medizinischen Prüfungsarbeiten musste das heimliche Dichten oft unterbrochen werden. Die erste Dissertation mit dem Titel »Philosophie der Physiologie« war ohne Respekt vor den damals berühmten Männern der Medizin und Physiologie verfasst und wurde abgelehnt. Schiller bekam ein zweites Thema. Er musste, wie der gesamte Jahrgang, noch ein weiteres Jahr studieren. Die vorwiegend protestantischen Landstände, die sich mit dem katholischen Herzog schon wegen seiner Verschwendungsucht angelegt hatten, wollten das Medizinstudium an der Karlsschule nicht anerkennen. So richtete der Herzog ein zusätzliches Studienjahr ein, bis eine Einigung mit den Landständen erreicht war.

Die Schlussprüfungen des Jahres 1779 bestand Friedrich mit besonderer Auszeichnung. Der Herzog überreichte ihm während der Stiftungsfeier im großen Saal der Akademie vier Preise.

Es waren berühmte Gäste anwesend. Karl Eugen hatte den jungen Herzog Karl August aus Weimar und dessen Freund Goethe, die auf der Durchreise waren, in seine Stuttgarter Residenz eingeladen. Goethe stand links neben dem Thron Karl Eugens und Schiller hätte sich dem verehrten Dichter des »Götz« gern bemerkbar gemacht.

Ein Jahr später wurde die zweite Dissertation angenommen.

Mit einundzwanzig Jahren hatte Schiller seine Ausbildung an der Hohen Karlsschule abgeschlossen.

Es war eine harte Schule gewesen und er hatte mehr Leiden als Freuden erlebt. Einer seiner Freunde hatte sich das Leben nehmen wollen, ein anderer, sein Mitschüler im Fach Medizin Johann Christian Weckherlin, war am 16. Januar 1781 gestorben. Aus Anlass des Todes seines Freundes August von Hoven am 13. Juni 1780 hatte er das Gedicht »Eine Leichenphantasie« verfasst. An solchen Tagen war Schiller so pessimistisch und verzweifelt, dass er sich selbst auf den Tag der Entlassung nicht mehr freute.

In seiner letzten mündlichen Prüfung aber schien er den Zuschauern gut gelaunt zu sein. Er beantwortete alle Fragen stolz und klug. Nun war er ein Arzt.

Begann jetzt endlich die ersehnte Freiheit?

Regimentsmedikus oder Dichter?

War Schiller nun endlich ein freier Mann mit allen Möglichkeiten, sich irgendwo als Arzt niederzulassen und sein Leben nach seinen Plänen zu gestalten? Nein, denn die Abhängigkeit von dem Machthaber des Landes Württemberg blieb. Diesem Mann musste Schiller dienen, wozu er sich schon beim Eintritt in die Akademie verpflichtet hatte. Aber er hoffte wie sein Vater, dass der Herzog ihm eine gute Stelle mit ausreichendem Verdienst zuweisen würde. Diese Hoffnung wurde nicht erfüllt. Der Herzog, der nur zwei der fertigen Mediziner mit einer bezahlten Stelle versorgte, teilte Schiller einem unbeliebten Regiment zu. Als Kaspar Schiller erfuhr, wohin sein Sohn geschickt wurde, war er wütend. Dennoch bedankte er sich für den Eintritt des Sohnes in das Regiment von Augé, über das er nur zu gut Bescheid wusste. Es bestand aus 240 Soldaten, die kaum noch leistungsfähig waren und von denen der Herzog keinen Nutzen mehr hatte. Man konnte nicht stolz darauf sein, wenn man zu Augé kam, das war im Volk schon sprichwörtlich geworden. Ausgerechnet in diesem Regiment sollte Friedrich als Regimentsmedikus dienen. Er hatte nicht einmal den Rang eines Leutnants, die Uniform war hässlich und stand ihm nicht und der Lohn war obendrein ein Hungerlohn von 18 Gulden im Monat.
Immerhin hatte er ein eigenes Zimmer in einem Haus am Kleinen Graben, das seinem Lehrer und Förderer Haug gehörte. Schiller wohnte zur Untermiete bei einer Witwe und teilte sich das Zimmer und die Kosten dafür mit einem

ehemaligen Schulkameraden. Georg Scharffenstein, mit dem sich Schiller längst wieder versöhnt hatte, kam manchmal zu Besuch und war wohl verwundert über die Unordnung. Er beschrieb das Zimmer als ein nach Tabak stinkendes Loch, »wo außer einem großen Tisch, zwei Bänken und an der Wand hängenden schmalen Garderobe, angestrichenen Hosen etc. nichts anzutreffen war als in einem Eck ganze Ballen der ›Räuber‹, in dem anderen ein Haufen Kartoffeln mit leeren Tellern, Bouteillen und dgl (…)«

Scharffenstein speiste gern mit den Bewohnern einen Kartoffelsalat und eine Wurst. Mehr konnten sich die jungen Männer nicht leisten, aber es genügte ihnen, weil sie vergnügt waren. Schiller lebte in dieser Zeit wie ein Student, der gern in die Gasthäuser geht, kegelt und Karten spielt. Er konnte derb reden – und auch schreiben. Solche Zettel wie folgender sind seltene Sprachdokumente des Dichters, der sich zeitlebens um eine außerordentlich beherrschte Sprache bemühte und dessen Wort-Schatz der künstlich schönen, übertriebenen Ausdruckweisen wegen oft schwer verständlich war und ist. Aber diese Mitteilung an die Freunde wurde verstanden:

Seid mir schöne Kerls. Bin da gewesen, und kein Petersen, kein Reichenbach. Tausendsackerlot! Wo bleibt die Manille heut? Hol euch alle der Teufel! Bin zu Haus, wenn ihr mich haben wollt. Adies, Schiller.

In irgendeiner seiner zahlreichen Stammkneipen hatte er seine Freunde nicht angetroffen. Man spürt eine Ausgelassenheit, die ihm früher eher fremd war. Er hatte verständli-

cherweise Nachholbedarf. Er trank oft zu viel und soll sich mit Soldatenfrauen eingelassen haben, vielleicht auch mit seiner Wirtin Luise Dorothea Vischer. Die Stadt durfte der Regimentsmedikus nicht verlassen und auch seine Eltern nur heimlich auf der Solitude besuchen, wo der Vater die Gärtnerei leitete. Der eintönige Dienst bereitete ihm keine Freude und interessierte ihn nicht. Zur Weiterbildung kaufte er sich ein einziges Buch, nach dem er seine Rezepte zusammenmixte. Glücklicherweise überlebten die Soldaten das Gebräu. Schillers Vorgesetzter hielt nicht viel von seinem Können und schickte die Kranken bald wieder zu dem älteren Kollegen. Nur ein Rezept des Dichters ist erhalten geblieben. Schiller war Dichter und nicht Arzt. Er beendete die Arbeit an den »Räubern« und schrieb Verse. Die Gedichtfolge »Laura« widmete er seiner Wirtin. Später übte er daran Kritik und bezeichnete die Verse als überspannt. Ihm missfielen die unbändige Imagination, wie er es nannte, und viele schlüpfrige, sinnliche Stellen in schwülstigem Stil.
Hier fünf Strophen aus der »Phantasie an Laura«:

Meine Laura! Nenn mir den Wirbel,
    Der an Körper Körper mächtig reißt,
Nenne, meine Laura, mir den Zauber,
    Der zum Geist monarchisch zwingt den Geist.
(...)
Siehe, Laura, Fröhlichkeit umarmet
    Wilder Schmerzen Überschwung,
An der Hoffnung Liebesbrust erwartet
    Starrende Verzweifelung.

Schwesterliche Wollust mildert
  Düstrer Schwermut Schauernacht,
Und entbunden von den goldnen Kindern
  Strahlt das Auge Sonnenpracht.

Waltet nicht auch durch des Übels Reiche
  Fürchterliche Sympathie?
Mit der Hölle buhlen unsre Laster,
  Mit dem Himmel grollen sie.
(...)
Mit der Liebe Flügel eilt die Zukunft
  In die Arme der Vergangenheit,
Lange sucht der fliehende Saturnus
  Seine Braut, die Ewigkeit.

Schiller nahm später nur wenige seiner Jugendgedichte in die zweibändige Sammlung auf, die 1800 und 1803 erschien. Er veränderte und kürzte sie. Die Laura-Gedichte hätte er regelrecht entrümpeln müssen, dann wären einige sanfte, lyrische Verse von Qualität übrig geblieben. Auch vielen anderen Gedichten, die sehr überschwänglich und selbst für damalige Zeiten zu pathetisch, also zu gefühlsbetont waren, hätte eine noch strengere Selbstkritik nicht geschadet.
Die Zeitgenossen fragten sich oft, ob es jene Laura wirklich gab. Die Frau eines späteren guten Freundes von Schiller, Minna Körner, berichtete Folgendes:
»Wenn Schiller, was öfter vorkam, von einem wunderschönen Mädchen erzählte, deren nähere Bekanntschaft er machen müsse, von deren Klavierspiel er entzückt sei und was dergleichen ihm sehr geläufige Redensarten mehr waren,

dann erinnerten wir ihn an einige (Laura-Gedichte). Als wir ihn nun auch wieder einmal damit neckten, machte er uns darüber ein Geständnis, das ich nimmer für Wahrheit gehalten haben würde, wenn Schiller nicht eine so grundehrliche Seele gewesen wäre. ›Jene Laura‹, sagte er, ›als deren Petrarca ich mich erklärt hatte, war eine Hauptmannswitwe, bei der ich wohnte und die mich mehr durch ihre Gutmütigkeit als durch ihren Geist, am wenigstens aber durch ihre Schönheit anzog. Sie spielte sehr gut Klavier und verstand es, ein vortreffliches Glas Punsch zu machen. Sie selbst hat nie eine Ahnung davon gehabt, dass ich sie zu meiner ›Laura‹ erwählt und in Entzückung besungen. Meine Ansicht war schon damals, dass der Dichter nur in einer idealen Welt leben müsse, und wenn ich in jenen Tagen noch einer Brücke bedurft hätte, um aus der armseligen Wirklichkeit da hinüber in das Reich der Ideale zu gelangen, so würde meine gute Hauswirtin eine sehr bedenkliche Himmelsleiter abgegeben haben. Ich dächte aber, man hätte es meinen Gedichten auch anmerken müssen, denn mit solchen Überschwänglichkeiten – dies war sein Ausdruck – würde mich kein vernünftiges Mädchen und am allerwenigsten eine Schwäbin angehört haben.‹«

In eine Traumwelt, in der er sich freier fühlen konnte als in der düsteren Realität, flüchtete sich schon der Schüler. Als Schiller erwachsen wurde, formte er sich eine veredelte Traumwelt, die reine Welt der Ideale und Tugenden, die für den normalen Sterblichen unerreichbar war. Für ihn aber war es die notwendige zweite Welt, an der er festhielt und in der er seine Ideen und Theorien entwickelte. Sie forderte ihm die höchsten Leistungen ab und setzte auch Maßstäbe für eine Sprache, die in der alltäglichen Wirklichkeit keine Berechtigung hatte. Das kann man vor allem bei seinen theoretischen Schriften feststellen. Dort erlaubt Schiller sich selten solchen Witz wie in den Aussagen über Laura oder in vielen Szenen seiner Theaterstücke.

Über ein weiteres Gedicht aus der Stuttgarter Zeit bemerkte er frech: »Ich fange an, in Aktivität zu kommen, und das kleine hundsföttische Ding hat mich in der Gegend herum berüchtigter gemacht als 20 Jahre Praxis. Aber es ist ein Namen wie desjenigen, der den Tempel zu Ephesus verbrannte. Gott sei mir gnädig!«

Dieses Gedicht des jungen Arztes trug wirklich zu dem schlechten Ruf bei, den er in der kleinen Stadt Stuttgart hatte. Es war ein in Auftrag gegebenes Leichengedicht oder Leichencarmen anlässlich des frühen Todes seines Freundes Johann Christian Weckherlin. Schiller, der während seines Medizinstudiums den Kinderglauben verloren hatte, drückt darin seine Empörung gegen Gott und die Welt aus. Das Gedicht widersprach allen Gepflogenheiten und bleibt wohl formal sein bestes Jugendgedicht.

ELEGIE AUF DEN TOD EINES JÜNGLINGS

(...)
Stumm und taub ists in dem engen Hause,
   Tief der Schlummer der Begrabenen;
Bruder! ach, in ewig tiefer Pause
   Feiern alle deine Hoffnungen;
Oft erwärmt die Sonne deinen Hügel,

Ihre Glut empfindest du nicht mehr;
Seine Blumen wiegt des Westwinds Flügel,
   Sein Gelispel hörest du nicht mehr;
Liebe wird dein Auge nie vergolden,
   Nie umhalsen deine Braut wirst du,
Nie, wenn unsre Tränen stromweis rollten, –
   Ewig, ewig sinkt dein Auge zu.

Aber wohl dir! – köstlich ist dein Schlummer,
   Ruhig schläft sichs in dem engen Haus;
Mit der Freude stirbt hier auch der Kummer,
   Röcheln auch der Menschen Qualen aus.
Über dir mag die Verleumdung geifern,
   Die Verführung ihre Gifte spein,
Über dich der Pharisäer eifern,
   Fromme Mordsucht dich der Hölle weihn,
Gauner durch Apostelmasken schielen,
   Und die Bastardtochter der Gerechtigkeit
Wie mit Würfeln so mit Menschen spielen,
   Und so fort bis hin zur Ewigkeit.

Über dir mag auch Fortuna gaukeln,
   Blind herum nach ihren Buhlen spähn,
Menschen bald auf schwanken Thronen schaukeln,
   Bald herum in wüsten Pfützen drehn –
Wohl dir, wohl in deiner schmalen Zelle;
   Diesem komischtragischen Gewühl,
Dieser ungestümen Glückeswelle,
   Diesem possenhaften Lottospiel,
Diesem faulen fleißigen Gewimmel,

Dieser arbeitsvollen Ruh,
Bruder! – diesem teufelvollen Himmel
Schloss dein Auge sich auf ewig zu.

Fahr dann wohl, du Trauter unsrer Seele,
    Eingewiegt von unsern Segnungen,
Schlummre ruhig in der Grabeshöhle,
    Schlummre ruhig bis auf Wiedersehn!
Bis auf diesen leichenvollen Hügeln
    Die allmächtige Posaune klingt
Und nach aufgerissnen Todesriegeln
    Gottes Sturmwind diese Leichen in Bewegung
    schwingt –
Bis, befruchtet von Jehovas Hauche,
    Gräber kreißen – auf sein mächtig Dräun
In zerschmelzender Planeten Rauche
    Ihrem Raub die Grüfte widerkäun –

Nicht in Welten, wie die Weisen träumen,
    Auch nicht in des Pöbels Paradies,
Nicht in Himmeln, wie die Dichter reimen, –
    Aber wir ereilen dich gewiss.
Dass es wahr sei, was den Pilger freute?
    Dass noch jenseits ein Gedanke sei?
Dass die Tugend übers Grab geleite?
    Dass es mehr denn eitle Phantasei? – –
Schon enthüllt sind dir die Rätsel alle!
    Wahrheit schlirft dein hochentzückter Geist,
Wahrheit, die in tausendfachem Strahle
    Von des großen Vaters Kelche fleußt.

Zieht dann hin, ihr schwarzen stummen Träger!
  Tischt auch den dem großen Würger auf!
Höret auf, geheulergossne Kläger!
  Türmet auf ihm Staub auf Staub zuhauf!
Wo der Mensch, der Gottes Ratschluss prüfte?
  Wo das Aug, den Abgrund durchzuschaun?
Heilig! Heilig! Heilig! bist du, Gott der Grüfte,
  Wir verehren dich mit Graun!
Erde mag zurück in Erde stäuben,
  Fliegt der Geist doch aus dem morschen Haus!
Seine Asche mag der Sturmwind treiben,
  Seine Liebe dauert ewig aus!

Das Gedicht machte in Stuttgart die Runde und empörte die frommen Bürger. Inzwischen hatte sich Friedrich entschlossen, das Stück »Die Räuber« drucken zu lassen. Schon einige Tage bevor er die Akademie verließ, hatte er seinen Freund Johann Wilhelm Petersen gebeten, in Mannheim einen Verleger zu suchen, aber Petersen fand niemanden, der das Werk veröffentlichen wollte. Nun machte Schiller zum ersten, aber nicht zum letzten Mal Schulden. Er lieh sich 150 Gulden und konnte mit dem Geld das Drama in Stuttgart auf eigene Kosten drucken lassen. Er schickte die Seiten an den Buchhändler Schwan in Mannheim, der sich schnell sein Urteil bildete. Ehrsamen und gesitteten Lesern könne er das Drama in dieser Form nicht anbieten, teilte er Schiller mit. Aber er machte dem jungen Mann Vorschläge, wie man an dem Stoff feilen und die eine oder andere Szene verbessern könne. Schiller war einsichtig und arbeitete viele Szenen zum dritten Male um. Es war ihm, als er den schwarz auf weiß gedruckten Text vor sich gesehen hatte, schon selbst aufgefallen, »wie grell und widerlich sich manches dem Auge darstellt«.

Dennoch wusste der Buchhändler, dass Schiller etwas Großartiges geschrieben hatte, ein für die Bühne geeignetes Stück, das er dem Intendanten des Mannheimer Theaters vorlas. Wolfgang Heribert von Dalberg wollte »Die Räuber« tatsächlich aufführen, verlangte aber von dem hoch erfreuten jungen Dichter, er müsse die Handlung in das fünfzehnte Jahrhundert verlegen. Diese Forderung stellte Dalberg aus eigennützigen Motiven. Er war mit dem Herzog bekannt, erhielt oft Einladungen zu Festen und wollte es sich mit Karl Eugen nicht verderben. Aus diesem Grund hielt er auch in der folgenden Zeit viele Versprechen nicht, die er Schiller gegeben hatte, und ließ Aufführungen anderer Stücke oder eine längere Beschäftigung Schillers an seinem Theater platzen. Schiller wusste, dass die Stärke der »Räuber« in der Aktualität lag, und er versuchte, den Intendanten davon zu überzeugen. Es war vergeblich.

Am 13. Januar 1782 fand die Uraufführung im Mannheimer Nationaltheater statt, das erst am 7. Oktober 1779 eröffnet worden war. Es war die erste Aufführung eines Stückes von Friedrich Schiller, der sich »wie ein Kind« auf die Premiere gefreut hatte und illegal ins damals pfälzische Mannheim gereist war. Das konnte nicht ohne Folgen bleiben, denn in einem Deutschland, das in mehr als dreißig Kleinstaaten mit selbstherrlichen, machtbewussten Herrschern zersplittert war, gehörte die Pfalz zum Ausland.

Die **Räuber.**

»Die Räuber«

Die Aufführung seines ersten Bühnenstücks wurde ein triumphaler Erfolg und nun war Schiller mit all den erzwungenen und von Dalberg eigenmächtig ausgeführten Änderungen versöhnt. Als Titel wäre »Der verlorene Sohn«, vom Dichter selbst in Betracht gezogen, treffender gewesen, aber mit dem Titel »Die Räuber« wird von Anfang an deutlich gemacht, dass es in dem Drama um revolutionäre Ideen und um die Rebellion gegen jede Autorität geht. Die Räuberbande symbolisiert die Auflehnung des verbitterten Volkes gegen ein ungerechtes Gesellschaftssystem.

Der junge, rebellische Schiller plante sein Stück wirklich genial. Viele der Figuren verkörpern eine Idee, vor allem der alte Graf Moor und seine Söhne, die beiden verfeindeten Brüder

Karl und Franz. Der alte Moor steht für alle übermächtigen Vaterfiguren, also auch für despotische Landesherren, gegen die sich die Bürger und vor allem die unzufriedene Jugend auflehnen möchten. Karl, der Lieblingssohn, ist der verlorene Sohn mit einem leichtfertigen Lebenswandel. Er rebelliert gegen die konventionelle Ordnung und wird ein Räuberhauptmann mit sozialem Engagement. Er ist zur Reue bereit, aber sein Bruder durchkreuzt seine Pläne. Franz fälscht sowohl den Reuebrief Karls an den Vater als auch den Antwortbrief des Vaters an Karl, gibt dem alten Moor und Amalia falsche Nachrichten vom Tode Karls, weil er den Rang des Erbberechtigten und die Frau, die der Bruder liebt, für sich beansprucht. So bedingt sein eigennütziges Verhalten die schreckliche Familientragödie, in der außer Karl alle zu Tode kommen. Franz erdrosselt sich, der alte Graf haucht vor Schreck sein Leben aus, und Amalia stirbt durch die Hand des Geliebten, wie sie es erfleht. Karl könnte fliehen, wie es die Räuber von ihm erwarten, er übergibt sich jedoch selbst der Justiz.

Für die Mannheimer Zuschauer waren Räubergeschichten nichts Neues, aber in dieser spürten sie die revolutionären Ideen. Vier Stunden lang ließen sie sich durch die Aufführung fesseln, und nach der Szene, in der der Räuberhauptmann Karl Moor auf dem Schloss mit Amalia zusammentrifft, gab es immer wieder stürmischen Beifall. Zum Schluss tobte das Publikum. Der Bericht eines Augenzeugen mag ein wenig übertrieben sein, drückt aber die Atmosphäre im Saal wohl anschaulich aus: »Das Theater glich einem Irrenhause, rollende Augen, geballte Fäuste, heisere Aufschreie im Zuschauerraum. Fremde Menschen fielen einander schluch-

zend in die Arme, Frauen wankten, einer Ohnmacht nahe, zur Tür. Es war eine allgemeine Auflösung wie im Chaos, aus dessen Nebeln eine neue Schöpfung hervorbricht.«
Schiller feierte nach der Vorstellung mit dem Intendanten und den Schauspielern den Erfolg. Der junge Darsteller August Wilhelm Iffland, der den Franz spielte, gilt bis heute als einer der besten Schauspieler Deutschlands. Nach ihm wurde der Iffland-Ring benannt, der an hervorragende Darsteller vergeben wird.
In seiner Vorrede zur ersten Auflage beschreibt Schiller die ungleichen Brüder:

Das Laster wird hier mitsamt seinem ganzen innern Räderwerk entfaltet. Es löst in Franzen all die verworrenen Schauer des Gewissens in ohnmächtige Abstraktionen auf. (…) Wer es einmal so weit gebracht hat (ein Ruhm, um den wir ihn nicht beneiden), seinen Verstand auf Unkosten seines Herzens zu verfeinern, dem ist das Heiligste nicht heilig mehr – dem ist die Menschheit, die Gottheit nichts – Beide Welten sind nichts in seinen Augen. (…)
Nächst an diesem steht ein anderer, der vielleicht nicht weniger meine Leser in Verlegenheit setzen möchte. (…) Falsche Begriffe von Tätigkeit und Einfluss, Fülle von Kraft, die alle Gesetze übersprudelt, mussten sich natürlicherweise an bürgerlichen Verhältnissen zerschlagen, und zu diesen enthusiastischen Träumen von Größe und Wirksamkeit durfte sich nur eine Bitterkeit gegen die unidealische Welt gesellen, so war der seltsame Don Quixote fertig, den wir im Räuber Moor verabscheuen und lieben, bewundern und bedauern.

In der zweiten Szene des vierten Aktes betrachten Karl, der sich unter dem falschem Namen eines Grafen von Brand aus Mecklenburg auf dem Schloss aufhält, und Amalia Bilder der Ahnengalerie. Sie erkennt Karl nicht, aber ihre Reaktion vor seinem Porträt zeigt, wie sehr sie ihn noch liebt. Das weiß auch der böse Franz.

F r a n z   v o n   M o o r *(in tiefen Gedanken).* Weg mit diesem Bild! weg, feige Memme! was zagst du und vor wem? ist mirs nicht die wenigen Stunden, die der Graf in diesen Mauern wandelt, als schlich immer ein Spion der Hölle meinen Fersen nach – Ich sollt ihn kennen! Es ist so was Großes und oft Gesehenes in seinem wilden, sonnenverbrannten Gesicht, das mich beben macht – auch Amalia ist nicht gleichgültig gegen ihn! Lässt sie nicht so gierig schmachtende Blicke auf dem Kerl herumkreuzen, mit denen sie doch gegen alle Welt sonst so geizig tut? – Sah ichs nicht, wie sie ein paar diebische Tränen in den Wein fallen ließ, den er hinter meinem Rücken so hastig in sich schlürfte, als wenn er das Glas mit hineinziehen wollte? Ja, das sah ich, durch den Spiegel sah ichs mit diesen meinen Augen. Holla Franz! siehe dich vor! dahinter steckt ein verderbenschwangeres Ungeheuer! *(Er steht forschend dem Porträt Karls gegenüber.)* Sein langer Gänsehals – seine schwarzen, feuerwerfenden Augen, hm, hm! – sein finsteres, überhangendes, buschiges Augenbraun *(Plötzlich zusammenfahrend)* – schadenfrohe Hölle! jagst du mir diese Ahndung ein? Es ist Karl! Ja, jetzt werden mir alle Züge wieder lebendig – Er ists! trutz seiner Larve! Er ists – Tod und Verdammnis! Hab ich darum meine Nächte verprasst, darum Felsen hinweggeräumt und Abgründe eben gemacht – bin ich darum gegen alle Instinkte der Menschheit rebellisch worden, dass mir zuletzt dieser unstete Landstreicher durch meine künstlichsten Wirbel tölpe – Sachte! Nur sachte! Es ist nur noch Spielarbeit übrig – Bin ich doch ohnehin schon bis an die Ohren in Todsünden gewatet, dass es Unsinn wäre, zurückzuschwimmen, wenn das Ufer schon so weit hinten liegt – Ans Umkehren ist doch nicht mehr zu gedenken – Die *Gnade* selbst würde an den Bettelstab gebracht, und die *unendliche Erbarmung* bankerott werden, wenn sie für meine Schulden all gutsagen wollte – Also, vorwärts wie ein Mann – (*Er schellt*) Er versammle sich zu dem Geist seines Vaters und komme, der Toten spott ich. – Daniel, he, Daniel! – Was gilt's, den haben sie auch schon gegen mich aufgewiegelt? Er sieht so geheimnisvoll.

Es gelingt Franz nicht, den Bruder zu ermorden. Ein treuer Diener hat Karl gewarnt. Hingegen verfängt Franz sich immer mehr in seinen Intrigen, und als er keinen Ausweg mehr sieht, erdrosselt er sich mit seiner goldenen Hutschnur. In der Schlussszene steigert sich die Dramatik zum Höhepunkt. Der alte Moor, von Karl aus der Gefangenschaft befreit, erfährt, dass der Räuberhauptmann der geliebte Sohn ist, und gibt seinen Geist auf. Die Räuber sehen mit Entsetzen, dass Karl und Amalia in stummer Umarmung stehen. Amalia will aus Liebe durch Karls Hand sterben und er versetzt ihr den Todesstoß.
Die letzten Worte des Räuberhauptmanns sind auch die letzten des aufregenden Dramas:

Ich erinnere mich, einen armen Schelm gesprochen zu haben, als ich herüberkam, der im Tagelohn arbeitet und elf lebendige Kinder hat – Man hat tausend Louisdore geboten, wer den großen Räuber lebendig liefert. Dem Mann kann geholfen werden.

Die Flucht

*Was tat der Landesvater, als er erfuhr, dass sein Regiments-
arzt Friedrich Schiller mit einem Theaterstück voller revolu-
tionärer Ideen Erfolg hatte und obendrein zweimal ohne
seine Erlaubnis nach Mannheim ins Ausland gereist war?
Er ergriff selbstverständlich Strafmaßnahmen. Er zitierte
Schiller zu sich und befahl ihm, sich unverzüglich auf der
Hauptwache in Stuttgart zu melden, um dort einen vierzehn-
tägigen Arrest anzutreten. Außerdem wurde ihm jeder Aufenthalt im Ausland verboten.*

*Nach seiner Entlassung aus dem Arrest bat Schiller Dalberg
in einem Brief, für ihn bei dem Herzog einzutreten. Der Intendant hatte nicht die Absicht, seinem Dichter zu helfen,
den es im Gegenteil noch schlimmer traf. Wegen einer Stelle
in den »Räubern«, wo ein Schurke den Schweizer Kanton
Graubünden »das Athen der heutigen Gauner« nannte,
befürchtete der Herzog Ärger mit der Schweiz. Er befahl
Schiller erneut zu sich. Wütend verbot er ihm jede Art von
Dichtung. Schiller dürfe nur noch medizinische Arbeiten erscheinen lassen.*

*Schillers erste Reaktion auf das Schreibverbot war ein Be-
such im Gasthaus, wo er mit seinen Freunden kegelte. Aber
der arme Kerl war tief getroffen. Längst plante er neue Stücke. In seiner Not versuchte er, den Herzog durch einen
Brief umzustimmen, den er am 1. September 1782 schrieb.
Wie schon seine frühen Mitteilungen an Karl Eugen zeigt
auch dieser Brief eine rührende Naivität und zugleich eine
ganz schöne Gerissenheit.*

Durchlauchtigster Herzog,
Gnädigster Herzog und Herr
Friedrich Schiller, Medikus bei dem löblichen
General-Feldzeugmeister von Augéischen
Grenadierregiment, bittet untertänigst um die
gnädigste Erlaubnis, ferner literarische
Schriften bekannt machen zu dürfen.

Eine innere Überzeugung, dass mein Fürst und unum-
schränkter Herr zugleich auch mein Vater sei, gibt mir ge-
genwärtig die Stärke, *Höchstdenenselben* einige untertänigs-
te Vorstellungen zu machen, welche die Milderung des mir
gnädigst zugekommenen Befehls, nichts Literarisches mehr
zu schreiben oder mit Ausländern zu kommunizieren, zur
Absicht haben.
Eben diese Schriften haben mir bisher zu der mir von
Eurer Herzoglichen Durchlaucht gnädigst zuerkannten
Besoldung noch eine Zulage von fünfhundertundfünfzig
Gulden verschafft und mich in den Stand gesetzt, durch
Korrespondenz mit auswärtigen großen Gelehrten und An-
schaffung der zum Studieren benötigten Subsidien ein nicht
unbeträchtliches Glück in der gelehrten Welt zu machen.
Sollte ich dieses Hilfsmittel aufgeben müssen, so würd ich
künftig gänzlich außerstand gesetzt sein, meine Studien
planmäßig fortzusetzen und mich zu dem zu bilden, was ich
hoffen kann zu werden.
Der allgemeine Beifall, womit einige meiner Versuche vom
ganzen Deutschland aufgenommen wurden, welches ich
Höchstdenenselben untertänigst zu beweisen bereit bin,
hat mich einigermaßen veranlasst, stolz sein zu können,

dass ich von allen bisherigen Zöglingen der großen Karls-
Akademie der erste und einzige gewesen, der die Aufmerk-
samkeit der großen Welt angezogen und ihr wenigstens
einige Achtung abgerungen hat – eine Ehre, welche ganz
auf den Urheber meiner Bildung zurückfällt. (…)
Eurer Herzoglichen Durchlaucht
untertänigst treugehorsamster
Friedrich Schiller,
Regimentsmedikus

*Regimentsmedikus war er die längste Zeit gewesen. Nun
folgten schwere Zeiten. Der Herzog verweigerte die Annah-
me des Briefes und teilte Schillers Dienstherrn General von
Augé mit, er müsse Schiller sofort in Arrest nehmen, wenn
er weitere Bittbriefe abgäbe.*
*Das war der letzte Anstoß für den Dichter, die Flucht zu pla-
nen. Mit großem Eifer schrieb er an seinem Trauerspiel
»Die Verschwörung des Fiesko zu Genua«, mit dem er bei
dem Mannheimer Theaterintendanten glänzen wollte. Dieser, so hoffte er, würde ihn dann als Bühnendichter anstellen
und so wäre sein tägliches Brot verdient.*
*Natürlich musste die Flucht gut vorbereitet und auch finan-
ziert sein. Darüber machte Schiller sich zunächst weniger
Gedanken. Er hatte glücklicherweise einen guten Freund,
der ihm half, so wie ihm auch später andere Freunde in verschiedenen schwierigen Situationen helfen würden. Es war
der Musiker Andreas Streicher, der im Frühling des nächsten
Jahres bei Carl Philipp Emanuel Bach in Hamburg seine
Musikstudien fortsetzen wollte und lange für die Reise dorthin gespart hatte. Um Schiller helfen zu können, machte er*

sich schon im September 1782 gemeinsam mit ihm auf den Weg nach Mannheim. Anschließend wollte er zu den Hamburger Verwandten weiterreisen. Darauf musste er dann verzichten. Er teilte sein Reisegeld mit dem Freund, den er bewunderte und verehrte, und bis Hamburg kam er leider nicht. Später wurde er ein bedeutender Klavierbauer und ein Freund Beethovens.

Auf der Solitude verabschiedete sich Schiller nur von seiner Mutter und Schwester. Dem Vater, der in des Herzogs Diensten stand, sagte man lieber nichts. Der Zeitpunkt der Abreise war günstig gewählt. Auf der Solitude fand zu Ehren eines russischen Großfürsten ein prachtvolles Fest statt, und als die beiden Freunde in der Nacht zum 23. September in der Kutsche saßen, konnten sie hoffen, dass niemand auf sie achten würde. Dennoch täuschten sie mögliche Verfolger und fuhren zuerst in die falsche Richtung. Schiller gab sich als Dr. Ritter aus, sein Freund als Dr. Wolf. Aufregend genug war das Unternehmen.

In Mannheim erfüllten sich Schillers Wünsche leider nicht. Dalberg war als Gast des Herzogs in Stuttgart und hatte nach seiner Rückkehr nicht den Mut, etwas für Schiller zu tun, womit er gewiss den Unwillen des Landesherrn erregen würde. Auch sein Regisseur war nicht erfreut zu erfahren, dass Schiller geflüchtet war. Er überredete ihn sogar, einen zweiten Bittbrief zu schreiben. Als der Herzog dem Dichter antworten ließ, er würde, wenn er zurückkomme, von der Gnade seiner Herzoglichen Durchlaucht profitieren, blieb Schiller misstrauisch. Er verließ am 3. Oktober die Stadt und ging mit Streicher nach Frankfurt. Sie gingen wirklich zu Fuß, weil das Geld für eine Wagenfahrt nicht ausreichte.

Der Marsch dauerte zwei Tage und erschöpfte Schiller.
In Sachsenhausen teilten die Freunde sich ein Zimmer, um
so wenig Geld wie nötig ausgeben zu müssen. Schiller
schrieb in seiner Verzweiflung an Dalberg und bat ihn um
einen Vorschuss für den »Fiesko«. Der Intendant ließ sich
auch durch folgende Sätze nicht rühren:

Meine Hoffnung war auf meinen Aufenthalt zu Mannheim
gesetzt. Dort hoffte ich, von EW. Exellenz unterstützt,
durch mein Schauspiel mich nicht nur schuldenfrei als auch
überhaupt in bessere Umstände zu setzen. Dies ward durch
meinen notwendigen plötzlichen Aufbruch hintertrieben.
Ich ging leer hinweg, leer in Börse und Hoffnung. Es
könnte mich schamrot machen, dass ich Ihnen solche Ge-
ständnisse machen muss, aber ich weiß, es erniedrigt mich
nicht.

Schiller bot einem Frankfurter Buchhändler ein langes Gedicht zum Druck an und war zu stolz, es für ein zu geringes Honorar herzugeben. So schlecht es ihm auch ging, unter seinem Wert wollte er sich nicht verkaufen. Da schlief er lieber in Oggersheim in einem einfachen Gasthof zusammen mit Streicher in einem Bett. Wieder schrieb er den »Fiesko« um, wieder lehnte Dalberg ihn ab, aber glücklicherweise konnte er das Stück bei dem Mannheimer Buchhändler Schwan drucken lassen.

Als Schiller dann erfuhr, dass sich ein württembergischer Offizier in Mannheim nach ihm erkundigt hatte, ließ er sich von den Mannheimer Freunden zu einer erneuten Flucht überreden. Er wusste nicht, dass der Offizier ein alter Schulfreund war, der ihn besuchen wollte. Mit dem Geld für die Buchausgabe des »Fiesko« konnten das Zimmer in Oggersheim und die Reise nach Thüringen bezahlt werden. Er nahm nun das Angebot der Mutter eines Schulfreundes an, in ihrem kleinen Gutshaus zu wohnen. Frau von Wolzogen hatte viel Sympathie für den jungen Dichter, mit dem sie in Mannheim eine Aufführung der »Räuber« besuchen wollte. Die von Schiller erbetene Aufführung konnte leider nicht stattfinden, weil die wichtigsten Schauspieler Urlaub machten.

Das Leben nach der Flucht

Der kleine thüringische Ort Bauerbach liegt in der Nähe der Stadt Meiningen. Hier durfte sich Schiller von seiner Flucht und zunächst einmal auch von seinen finanziellen Sorgen erholen. Acht Monate lang blieb er in Henriette von Wolzogens Haus. Er nannte sich vorsichtshalber Dr. Ritter und schrieb auch Täuschungsbriefe, in denen er aus Furcht vor Verfolgern falsche Ziele angab. Die Dorfbewohner wussten zwar, dass der junge Mann die meiste Zeit am Schreibtisch verbrachte, aber sie ahnten nicht, dass er der berühmte Dichter der »Räuber« war.

Schiller hatte in Bauerbach sofort mit der Arbeit an dem Trauerspiel »Luise Millerin« begonnen, das er schon in Stuttgart geplant hatte. Der Schauspieler Iffland gab diesem Stück später den Titel »Kabale und Liebe«, mit dem es berühmt wurde. Es ist seine Abrechnung mit dem Herzog Karl

Eugen und den skandalösen und korrupten Verhältnissen an den Höfen der absolutistischen Herrscher. Die unwürdige Abhängigkeit von einem Despoten hatte der Dichter selbst erleben müssen, die persönlichen Liebeskonflikte und die Intrigen, also die Kabale, erfand er und verdeutlichte dadurch die beginnenden Auseinandersetzungen zwischen Adeligen und Bürgern. Kein anderes seiner Werke war so zeitbezogen wie dieses. Ein Happy End gibt es nicht, denn die Liebenden sterben beide.

Der Vater, als Stadtmusikant ein einfacher Mann mit deftiger Ausdrucksweise, war von Anfang an gegen die Liebe seiner Tochter Luise zu dem Adligen Ferdinand. Das erfährt man gleich in der allerersten Szene:

Miller. Hab ihn nicht in mein Haus geschwatzt – hab ihms Mädel nicht nachgeworfen; wer nimmt Notiz davon? – Ich war Herr im Haus. Ich hätt meine Tochter mehr koram nehmen sollen. Ich hätt dem Major besser auftrumpfen sollen – oder hätt gleich alles Seiner Exellenz dem Herrn Papa stecken sollen. Der junge Baron bringts mit einem Wischer hinaus, das muss ich wissen, und alles Wetter kommt über den Geiger. (…) Nehmen kann er das Mädel nicht – Vom Nehmen ist gar die Rede nicht, und zu einer, dass Gott erbarm? – Guten Morgen! – Gelt, wenn so ein Musje *von* sich da und dort, und dort und hier schon herumbeholfen hat, wenn er, der Henker weiß was als? gelöst hat, schmeckts meinem guten Schlucker freilich, einmal auf süß Wasser zu graben.

Neben der Arbeit an »Luise Millerin« beschäftigten den Dichter weitere Stoffe, »Don Carlos« und »Maria Stuart«. Schiller war und blieb unruhig und ungeduldig mit sich selbst, bedrängt und getrieben von seiner Phantasie und seinen Ideen. Mit nur einem Thema konnte er sich nicht begnügen. Er war und blieb auch ein Mensch, der nicht lange ohne Gespräche und ohne Freundschaft leben konnte. In Bauerbach fühlte er sich einsam. Er brauchte den Gedankenaustausch. Endlich traf er einen Mann, der sich mit der Literatur befasste und mit dem er reden konnte. Der zweiundzwanzig Jahre ältere Friedrich Wilhelm Reinwald, der später Schillers Schwester Christophine heiratete, war Bibliothekar in Meiningen. Die Männer verstanden sich. Reinwald vermittelte Schiller weitere Kontakte und versorgte ihn mit vielen Büchern. Manchmal versäumte der Dichter, diese Bücher, die auch andere lesen wollten, rechtzeitig zurückzugeben, und musste gemahnt werden. Er benötigte sie für seine Arbeit, vor allem für sein historisches Drama, das ihm in dieser Zeit so sehr am Herzen lag: »Don Carlos, Infant von Spanien«. So beschäftigte er sich mit Philipp II., der von 1555 und 1598 herrschte und Sohn Karls V. war, in dessen Reich die Sonne nicht unterging, wie man sagt. Philipp bekämpfte den Protestantismus in Europa und das Streben nach Unabhängigkeit der Niederlande von der spanischen Krone. Hier eine kurze Zusammenfassung des Dramas:

Philipp II., König von Spanien, verweigert seinem Sohn Carlos die Aufsicht über die niederländischen Provinzen, die bisher der Herzog von Alba führt. Man hatte Philipp hinterbracht, Carlos habe ein Verhältnis mit seiner Stiefmutter, der jungen Elisabeth von Valois, mit der er ursprünglich *verlobt gewesen war. Elisabeth weist Carlos' Liebe jedoch zurück. Der eigentliche Held des Dramas ist Carlos' Jugend-freund Marquis Posa, der aus den von den Reformations-kriegen zerstörten flandrischen Provinzen zurückgekehrt ist. Er wünscht sich, dass Don Carlos die Truppen in Flandern anführe, und will den Prinzen von dem falschen Verdacht befreien. Er spielt dem König einen gefälschten Brief zu, in dem er selbst beschuldigt wird, eine Beziehung zu Elisabeth zu haben. Der König lässt ihn erschießen. Posa konnte sich aber vor seinem Tod der Königin anvertrauen, die Carlos wissen lässt, er solle die Führung der Truppen übernehmen, es sei alles zur Revolution in Flandern vorbereitet. Der Kö-nig erfährt durch Alba von diesem Plan und opfert seinen Sohn dem katholischen Großinquisitor.*

Dieses Drama schrieb sich bei aller Begeisterung an dem Stoff nicht so leicht und wurde wegen der vielen Unterbre-chungen erst vier Jahre später fertig. In der Zeit änderte sich das Konzept und auch die Vorliebe zu den literarischen Per-sonen. Schiller gestaltete »Don Carlos« schließlich zu einem Ideendrama, in dem der zunächst als Nebenrolle geplante Posa die Idealgestalt verkörpert.

Wie sehr Schiller seine literarischen Helden und sein neues Stück liebte, erfahren wir aus einem Brief, den er mit neuer Lebenslust und heiterer Nachdenklichkeit an Reinwald schrieb. Er freute sich an den literarischen Ideen und philo-sophischen Gedanken, die er darin entwickelte. Von seiner früheren Frömmigkeit schien nicht viel übrig geblieben zu sein. Er war selbst überrascht von seinen Erkenntnissen, dass die Liebe und die Freundschaft nur Illusionen seien, nichts als Trugbilder. Das Ich, so suchte er Reinwald zu überzeugen, schaffe sich diese Selbsttäuschung für den Augenblick. Aber dieses Wissen störte ihn an dem herrlichen Frühlingstag wenig. Er war in Don Carlos verliebt, voller Mitleid und Sympathie für seinen Helden, und in diese Gefühle bezog er den älteren Bibliothekar mit ein. Es ist ein verwunderlicher Brief mit vielen umhergestreuten Gedanken, die auch Gott nicht auslassen. Gott, so heißt es darin, vermöge sich auch nicht wirklich zu lieben, deshalb suche er sich in seiner Schöpfung zu erblicken.

Fachausdrücke verwendet Schiller nicht. Er schreibt bildreich von der »Anschauung unserer selbst in einem anderen Glase«. Kluge Wissenschaftler erkannten in diesem Brief seinen Subjektivismus.

Die in dem Brief ausgesprochenen dramentheoretischen Überlegungen über das Mitleid weisen auf seine Arbeit an dem bürgerlichen Trauerspiel »Luise Millerin« hin. Luises Schicksal sollte das Publikum anrühren.

Was also schrieb er dem Mann, der ihm viele öde Stunden der trüben Wintertage etwas angenehmer gemacht hatte?

Bauerbach. Früh in der Gartenhütte, 14. April 1783
In diesem herrlichen Hauche des Morgens denk ich (an) Sie, Freund – und (an) meinen »Carlos«. Meine Seele fängt die Natur in einem entwölkten, blankeren Spiegel auf, und ich glaube, meine Gedanken sind wahr. Prüfen Sie solche.

Ich stelle mir vor – jede Dichtung ist nichts anderes als eine enthusiastische Freundschaft oder platonische Liebe zu einem Geschöpf unseres Kopfes. Ich will mich erklären.

Wir schaffen uns einen Charakter, wenn wir *unsre* Empfindungen und unsre historische Kenntnis von *fremden* in andere Mischungen bringen – bei den Guten das Plus oder Licht – bei Schlimmern das Minus oder den Schatten vorwalten lassen. Gleichwie aus einem einfachen weißen Strahl, je nachdem er auf Flächen fällt, tausend und wieder tausend Farben entstehen, so bin ich zu glauben geneigt, dass in unsrer Seele alle Charaktere nach ihren Urstoffen schlafen und durch Wirklichkeit und Natur oder künstliche Täuschung ein daurendes oder nur illusorisch – und augenblickliches Dasein gewinnen. Alle Geburten unsrer Phantasie wären also zuletzt nur wir *selbst*. Aber was ist Freundschaft oder platonische Liebe denn anders als eine wollüstige Verwechslung der Wesen? oder die Anschauung unserer selbst in einem anderen Glase? – *Liebe*, mein Freund, das große unfehlbare Band der empfindenden Schöpfung, ist zuletzt nur ein *glücklicher Betrug*. (…) Ich nehme selbst *Gott* nicht aus. Gott, wie ich mir denke, liebt den Seraph so wenig als den Wurm, der ihn unwissend lobet. Er erblickt *sich*, sein großes unendliches *Selbst*, in der unendlichen Natur umhergestreut. – In der allgemeinen Summe der Kräfte berechnet er augenblicklich sich selbst. – *Sein* Bild sieht er aus der ganzen Ökonomie des Erschaffenen vollständig, wie aus einem Spiegel, zurückgeworfen und liebt *sich* in dem *Abriss*, das Bezeichnete in den Zeichen. Wiederum findet er in jedem einzelnen Geschöpf (mehr oder weniger) *Trümmer* seines Wesens zerstreut. (…)

Das ist unstrittig wahr, dass wir die Freunde unserer Helden sein müssen, wenn wir in ihnen zittern, aufwallen, weinen und verzweifeln sollen – dass wir sie als Menschen außer uns denken müssen, die uns ihre geheimsten Gefühle vertrauen. (…) Dann rühren und erschüttern und entflammen wir Dichter am meisten, wenn wir selbst Furcht oder Mitleid für unseren Helden gefühlt haben. Ein großer Philosoph, der mir nicht gleich beifallen will, hat gesagt, dass die Sympathie am gewissesten und stärksten durch Sympathie erweckt werde. Jetzt denk ich diesen Satz in seiner ganzen Deutlichkeit. Der Dichter muss weniger der Maler seines Helden, er muss mehr dessen Mädchen, dessen Busenfreund sein. (…)

Nun eine kleine Anwendung auf meinen »Carlos«. Ich muss Ihnen gestehen, dass ich ihn gewissermaßen statt meines Mädchens habe. Ich trage ihn auf meinem Busen – ich schwärme mit ihm durch die Gegend – um Bauerbach herum. (…) Außerdem will ich es mir mit diesem Schauspiel zur Pflicht machen, in Darstellung der Inquisition die prostituierte Menschheit zu rächen und ihre Schandflecken fürchterlich an den Pranger zu stellen. Ich will – und sollte mein »Carlos« dadurch auch für das Theater verloren gehen – eine Menschenart, welche der Dolch der Tragödie bis jetzt nur gestreift hat, auf die Seele stoßen. Ich will – Gott bewahre, dass Sie mich nicht auslachen.

Nein, Reinwald lachte wahrscheinlich nicht und wir schmunzeln höchstens. Wir spüren die Intensität der Gefühle und Absichten des jungen Dichters, der diese bemerkenswerten Gedanken als Vierundzwanzigjähriger aufschrieb. Selbstironisch unterbrach er aber den pathetischen Satz über den »Dolch der Tragödie«. Er vollendete das Drama nicht in Bauerbach. Es erschien erst 1787 in Leipzig. Bei der weiteren Arbeit daran empfand Schiller, dass sich sein Verhältnis

zu »Carlos« veränderte, dass er mehr Distanz verspürte, und nannte es sein Unglück. An den Freund Christian Gottfried Körner schrieb er fast auf den Tag drei Jahre nach dem Brief an Reinwald: »War mir schlechterdings unmöglich, Wärme und Laune für ihn (Carlos) bei mir hervorzubringen.«
Je länger der Arbeitsprozess an einem Werk bei Schiller dauerte, umso größer wurden der Abstand und auch die Veränderungen gegenüber der ersten Planung. Das zeigte sich später ebenfalls beim »Wallenstein«.

Zweimal in diesen acht Monaten, die Schiller in Bauerbach verbrachte, kam Frau von Wolzogen mit ihrer hübschen Tochter dort vorbei. Schiller verliebte sich in Charlotte, was nicht im Sinne der Mutter war. Die Tochter sollte standesgemäß heiraten und konnte keine Ehe mit einem verschuldeten jungen Dichter eingehen, der nicht viel mehr als den Erfolg seiner »Räuber« zu bieten hatte. Die weiteren Erfolge mussten sich erst einstellen und die anderen Stücke aufgeführt oder gedruckt werden und Geld einbringen.
Im Juni 1783 lud Reinwald Schiller ein, ihn auf einer Reise nach Weimar zu begleiten. Schiller könne sich dort den wichtigen Gelehrten vorstellen. Hätte der Dichter zugesagt, wären ihm weitere Enttäuschungen und eine sehr ernste Erkrankung mit möglicherweise lebenslangen Folgen erspart geblieben. Aber er hoffte auf eine Jahresanstellung bei Dalberg am Mannheimer Theater. Dalberg war vor allem an dem bürgerlichen Trauerspiel »Luise Millerin« interesssiert. Schiller erhoffte viel und war über den Vertrag glücklich. Am 24. Juli verließ er Bauerbach und kam auch nicht mehr, wie zunächst geplant, dorthin zurück.

In Mannheim erkrankte Schiller kurz nach seiner Ankunft an einer gefährlichen Seuche, an der viele Menschen starben. Sie wurde als »kaltes Fieber« bezeichnet, es handelte sich vermutlich um Malaria. Schiller litt heftig und wollte dennoch so bald wie möglich Korrekturarbeiten an seinem Stück »Fiesko« vornehmen. Es kam dann beim Publikum nicht so gut an. Auf den Erfolg der »Luise Millerin« in Mannheim konnte er jedoch stolz sein. Aber er erwartete zu viel. Es gab Spannungen mit Dalberg. Als der Intendant den Vertrag nach einem Jahr nicht verlängerte, stand Schiller wieder mit leeren Händen vor seinen vielen Gläubigern. Die nötigste Geldsumme, die ihm auch von seinem Vater verweigert wurde, gaben ihm schließlich seine Wirtsleute, der Handwerker Hölzel und seine Frau, bei denen auch sein Freund Streicher wohnte. Schiller konnte es später gutmachen, ihnen auch mit Geld helfen und ihrem Sohn eine Anstellung beim Weimarer Theater verschaffen.

Da er als Bühnenautor nicht mehr gefragt war, aber dringend Geld verdienen musste, war er gezwungen, neue Wege zu gehen. Er wollte eine Zeitschrift gründen.

Nun fragt man sich, ob das so einfach war. Gab es damals schon Zeitschriften und was soll man sich darunter vorstellen? Die Konkurrenz war tatsächlich groß. Im Verlauf des achtzehnten Jahrhunderts hatte diese neue Publikationsform immer mehr an Bedeutung gewonnen und alle möglichen Themenbereiche aufgegriffen. Es gab regionale Almanache, moralische Erbauungsblätter, literarische Zeitschriften mit Rezensionen, politische, theologische, pädagogische Hefte und Journale mit gemischtem Inhalt. Alle wurden von den Autoren und Lesern geschätzt. Den einen gaben sie die

65

Möglichkeit, ihre Abhandlungen zu veröffentlichen, die anderen fanden Gefallen daran, wöchentlich oder monatlich mit Lesestoff, zum Beispiel mit Fortsetzungsgeschichten, versorgt zu werden. Die Zahl der Leser wurde durch die sich entwickelnde Verbreitung der Lesefertigkeit immer größer. Gegen Ende des Jahrhunderts konnte ein Viertel der Bevölkerung lesen. Wenn man die Zahl von fast 2000 neu auf dem literarischen Markt erschienenen Zeitschriften in den letzten drei Jahrzehnten des Jahrhunderts bestaunt, muss man aber wissen, dass viele von ihnen wegen des Konkurrenzdrucks schnell wieder vom Markt verschwanden.

Mit Blick auf den Buchmarkt der damaligen Zeit könnte man schon fast von einer Massenproduktion reden. Im Verlauf des achtzehnten Jahrhunderts wurden bereits 450 000 Bücher veröffentlicht, die Produktion der schöngeistigen Bücher nahm besonders in den letzten Jahrzehnten zu. Die Auflagen waren nicht sehr hoch, denn die Bücher wurden von einem Leser zum anderen weitergereicht. Diese Leser waren größtenteils Adelige und gebildete Bürger, weniger die Bauern und Handwerker. Wie man heute den Niveauverlust vieler Medien kritisiert, so beklagte man schon damals,

dass gewisse Publikationen angeblich eine »Lesesucht« unter der Bevölkerung hervorriefen.

Schiller hatte schon im Jahr 1782 gemeinsam mit einigen Freunden in Stuttgart die Zeitschrift »Württembergisches Repertorium der Literatur« herausgegeben, die die Leser mit Lyrik, Gesellschaftsberichten und verschiedenen literarischen Themen überzeugen sollte. Die dritte Nummer war leider schon die letzte gewesen.

Trotz dieser schlechten Erfahrung wollte er es noch einmal wagen, diesmal jedoch versuchte er, zu große finanzielle Risiken auszuschließen. Er bat einige Freunde, Abonnenten zu werben, und wandte sich in seiner Ankündigung persönlich an die künftigen Leser, denen er ein interessantes Heft mit abwechslungsreichem Inhalt versprach. Das neue Journal hieß »Rheinische Thalia«. Das erste Heft erschien Mitte März des Jahres 1785.

Zu Beginn wird das Heft mit dem Datum vom 14. März dem Herzog Karl August von Weimar gewidmet. Es folgen zwei Aufsätze mit den Titeln »Was kann eine gute stehende Schaubühne eigentlich wirken?« und »Merkwürdiges Beispiel einer weiblichen Rache«, dann der erste Akt von »Don Carlos« in noch nicht endgültiger Fassung und unter weiteren Texten auch kurze Schauspielkritiken der Aufführungen des Mannheimer Theaters vom 1. Januar bis zum 3. März. Also ein gemischter Inhalt.

Es war Schillers Absicht, dass in dem Journal auch über das Theater berichtet werden sollte. Er machte sich damit keine Freunde unter den Schauspielern, die über die ersten Kritiken sehr erbost waren. Dalberg warnte Schiller, der auch *ohne dessen Kritik bald spürte, dass es kein leichtes Geschäft war, Herausgeber einer Zeitschrift zu sein. Der Dichter machte wieder Schulden. Es erging ihm nicht gut in Mannheim. Wegen seiner Beziehung zu der verheirateten Charlotte von Kalb geriet er außerdem in seelische Verwirrung. Schiller musste und wollte die Stadt wieder verlassen.*

Als er am Morgen des 9. April 1785 die Kutsche bestieg, trug er einen Titel, den er bei der Ankunft noch nicht hatte. Er war nun Rat des Herzogs Karl August von Weimar. Seine Freundin Charlotte hatte dafür gesorgt, dass er im Dezember 1784 eine Einladung an den Darmstädter Hof erhalten hatte. Dort hatte er in Anwesenheit von Karl August den ersten Akt seines unvollständigen »Don Carlos« vorgetragen und sich in einem persönlichen Gespräch, vielleicht nur spaßeshalber, den Ratstitel erbeten und erhalten. Eine Ehre, die aber nicht viel bedeutete und die leider auch die Geldprobleme nicht löste. Da halfen andere. Die Tabaksdose wurde wieder voll, der Magen blieb nicht leer und Schiller konnte bald die Freude und die Freundschaft besingen und jubeln, dass überm Sternenzelt doch ein lieber Vater wohne. Der meinte es ebenso gut mit ihm wie einige ihm noch unbekannte Menschen …

Neue Freunde

Untertänigstes Pro/memoria

an die Consistorialrat Körnerische weibliche
Waschdeputation in Loschwitz eingereicht von einem
niedergeschlagenen Trauerspieldichter

Bittschrift

Dumm ist mein Kopf und schwer wie Blei,
    Die Tobaksdose ledig,
Mein Magen leer – der Himmel sei
    Dem Trauerspiele gnädig.

Ich kratze mit dem Federkiel
    Auf den gewalkten Lumpen;
Wer kann Empfindung und Gefühl
    Aus hohlem Herzen pumpen?

Feuer soll ich gießen aufs Papier
    Mit *angefrornem* Finger? – –
O Phöbus, hassest du Geschmier,
    So wärm auch deine Sänger.

Die Wäsche klatscht vor meiner Tür,
    Es scharrt die Küchenzofe –
Und mich – mich ruft das Flügeltier
    Nach König Philipps Hofe.

Ich steige mutig auf das Ross;
   In wenigen Sekunden
Seh ich Madrid – am Königsschloss
   Hab ich es angebunden.

Ich eile durch die Galerie
   Und – siehe da! belausche
Die junge Fürstin Eboli
   In süßem Liebesrausche.

Jetzt sinkt sie an des Prinzen Brust,
   Mit wonnevollem Schauer,
In *ihren* Augen Götterlust,
   Doch in den *seinen* Trauer.

Schon ruft das schöne Weib Triumph
   Schon hör ich – Tod und Hölle!
Was hör ich? – einen nassen Strumpf
   Geworfen in die Welle.
Und weg ist Traum und Feerei,
   Prinzessin, Gott befohlen!
Der Teufel soll die Dichterei
   Beim Hemdenwaschen holen.

gegeben   F. Schiller
in unserm jammervollen   Haus- und Wirtschaftsdichter
Lager
ohnweit dem Keller

Diese heiteren Verse standen nicht in der neuen Zeitschrift, Schiller schrieb sie auch nicht in Mannheim, sondern in Loschwitz in Sachsen, und wir spüren, dass er in einer anderen Seelenverfassung war als in den vergangenen Monaten. Jetzt konnte er fröhlich und dankbar sein. Was war geschehen?

Am 17. April 1785 kam Schiller nach einer anstrengenden achttägigen Reise in Leipzig an. Er war von vier unbekannten Leuten eingeladen worden, die ihm bereits sieben Monate vorher in einem ausführlichen Brief ihre Verehrung ausgedrückt und ihm auch Geschenke gemacht hatten. Er ließ den Brief lange unbeantwortet, obwohl es ihn in dem ganzen Mannheimer Elend tröstete, dass andere Menschen an ihn und an seine Dichtkunst glaubten. Von Dalberg musste er sich sagen lassen, er solle wieder Mediziner werden. Der Intendant wusste, wie schwer es für einen Dramatiker mit solchen idealistischen Ansprüchen auf dem Literaturmarkt des achtzehnten Jahrhunderts war. Er glaubte auch Schillers Selbstüberschätzung zu erkennen.

Aber ein anderer glaubte an den Dichter, der einer der besten und treuesten Freunde Schillers werden sollte. Dieser Mann war der Jurist Christian Gottfried Körner, der sich für die Kunst, die Musik und die Literatur begeisterte und sich auch mit der Philosophie befasste. Gemeinsam mit seinem Freund Ludwig Ferdinand Huber, seiner Braut Minna Stock und deren Schwester Dora bot er Schiller an, sich in ihrer Gruppe wohl zu fühlen, ihr Freund zu werden.

Schiller hätte in seiner Situation nichts Besseres angeboten werden können. Sehr feinfühlig half der vermögende Körner ihm aus der finanziellen Misere, so dass die Schuldner zu-

frieden gestellt waren und der Dichter sich befreit »von der Notwendigkeit des Geldverdienens« fühlen konnte.

Bei der Ankunft in Leipzig lernte er zunächst Huber und die beiden Damen kennen, da sich Körner aus Berufsgründen in Dresden aufhielt. Die drei taten alles, um ihm den Aufenthalt so angenehm wie möglich zu machen. Er war glücklich und sagte es ihnen oft. Sie blieben nicht lange in Leipzig. Im nahe gelegenen Dorf Gohlis ließ es sich im Sommer besser leben.

Schiller wohnte in einem Bauernhaus in zwei kleinen Zimmern und teilte sich das Quartier bald mit einem Freund Körners, dem jungen Verleger Göschen. Sie kamen gut miteinander aus und Göschen konnte Schiller als Autor für seinen Verlag gewinnen. Zunächst half Körner auch hier. Er veranlasste den Verleger, bei dem er selbst Geld investiert hatte, die »Rheinische Thalia« zu übernehmen. Schiller glaubte, die 300 Taler Vorschuss habe Göschen bezahlt, aber das Geld kam von Körner. Diese Übernahme durch einen Verleger war Schillers eigene Idee. Die Mühen und Sorgen, die ein Selbstverlag machte, wollte er nicht mehr auf sich nehmen. Die Zeitschrift erschien nur ein einziges Mal mit dem Titel »Rheinische Thalia«. Das zweite Heft hieß bereits »Thalia«. Schiller hatte inzwischen immer wieder am »Don Carlos« gearbeitet und Göschen die fertigen Szenen geschickt. Der Verleger war jedoch oft unzufrieden mit dem Autor, weil dieser seine Manuskripte selten pünktlich ablieferte.

Zunächst aber erlebten beide ihr Zusammentreffen als Beginn einer Freundschaft. Darüber berichtete Göschen in einem Brief an einen Bekannten: »Dieser Schiller hat mich und den jungen Huber, (…) den Oberkonsistorialrat Körner

(...) oft mit Tränen in den Augen ermuntert, ja alle unsere Kräfte, ein jeder in seinem Fach, anzuwenden, um Menschen zu werden, die die Welt einmal ungern verlieren möchte. Wir alle haben ihm viel zu verdanken und in der Stunde des Todes werde ich mich seiner mit Freuden erinnern.«

Man verlebte angenehme und abwechslungsreiche Tage miteinander und leerte manches Glas. Von morgens bis mittags schrieb Schiller. Diese Tageseinteilung mit Arbeit und Zerstreuung schadete seiner Gesundheit weniger als die Nachtarbeit, die er sich schon oft zugemutet hatte und auch in Zukunft zumuten würde.

In seiner Ode »An die Freude« schlägt der sechsundzwanzigjährige Schiller wieder sehr hohe Töne an. Er berauscht sich an der eigenen Freude und an der Freundschaft. Mit dieser Hymne konnte er andere mitreißen und begeistern. Beethoven komponierte später für den Schluss seiner neunten Symphonie den entsprechenden Chorgesang.

Wir verzichten hier auf die meisten pathetischen Strophen und genießen die wenigen vielleicht umso mehr, weil wir uns mit Schiller freuen. Viel Anlass zur Freude gab es in seinem Leben ja bisher noch nicht.

AN DIE FREUDE

Freude, schöner Götterfunken,
   Tochter aus Elysium,
Wir betreten feuertrunken
   Himmlische, dein Heiligtum.
Deine Zauber binden wieder
   Was der Mode Schwert geteilt;

Bettler werden Fürstenbrüder,
  Wo dein sanfter Flügel weilt.

Chor

  Seid umschlungen, Millionen!
    Diesen Kuss der ganzen Welt!
    Brüder – überm Sternenzelt
  Muss ein lieber Vater wohnen.

Wem der große Wurf gelungen,
  Eines Freundes Freund zu sein;
Wer ein holdes Weib errungen,
  Mische seinen Jubel ein!
Ja – wer auch nur *eine* Seele
  Sein nennt auf dem Erdenrund!
Und wers nie gekonnt, der stehle
  Weinend sich aus diesem Bund!

(…)

Freude sprudelt in Pokalen,
  In der Traube goldnem Blut
Trinken Sanftmut Kannibalen,
  Die Verzweiflung Heldenmut – –
Brüder, fliegt von euren Sitzen,
  Wenn der volle Römer kreist,
Lasst den Schaum zum Himmel sprützen:
  Dieses Glas dem guten Geist.

*Endlich lernte er auch Körner kennen, der auf dem Rittergut
Kahnsdorf bei Leipzig einen Besuch machte. Wie wichtig
ihm diese erste Begegnung war, lesen wir in dem Brief, den
Körner zwei Tage später erhielt.*

Gohlis, 3. Juli 1785

Ich habe Lust, dir heute recht viel zu schreiben; denn mein
Herz ist voll. Ohnedem wirst du mich vielleicht diesen
Nachmittag unterwegs erwarten, und weil ich diese Hoffnung nicht erfüllen kann, so soll wenigstens meine Seele
dich begleiten. Die Zeit war vorgestern für meine Wünsche
zu kurz, und ich hätte eine Injuria gegen meine Kameraden
begangen, wenn ich dich als mein Eigentum hätte behandeln wollen. (…)

Die gütige Vorsehung, die meine leisesten Wünsche hörte, hat mich *dir* in die Arme geführt, und ich hoffe, auch dich *mir*. Ohne mich sollst du ebenso wenig deine Glückseligkeit vollendet sehen können als ich die meinige ohne dich. Unsere künftig erreichte Vollkommenheit soll und darf auf keinem anderen Pfeiler als unserer Freundschaft ruhen. (...)

Die nahe und süße Aussicht auf den Besitz deiner Minna wird freilich dein ganzes Herz ausfüllen und es für fremde Leiden und Freuden verschließen, aber ich mute dir auch jetzt nicht zu, deine Sympathie an mich zu verschwenden und mit dem Zustande *meines* Herzens beschäftigt zu sein. Ich will nur haben, dass der Gedanke an deinen Freund deine Freude vergrößern soll, und wenn du zuweilen Augenblicke hast, wo du anderen Empfindungen Raum gibst, dass dann *meine* Gemütsfassung eine Quelle des Vergnügens mehr für dich sein möchte. (...)

Ewig dein Schiller

Wie sollte ein Mann, der kurz vor seiner Hochzeit stand, auf solche schwärmerischen Offenbarungen antworten? Obwohl er Schiller einige Tage später schrieb: »Du musst jetzt Nachsicht mit mir haben, mein Freund. Meine Seele kann dir jetzt nicht mit dem Grade von Begeisterung entgegenströmen (...). Ich bin zu voll jetzt von dem Gedanken an meine Minna«, *wurde Körner in jeder Hinsicht der ideale Freund. Er teilte zeitweise seinen Besitz mit Schiller und, was noch viel wichtiger war, der Dichter konnte sich ihm mitteilen und von ihm lernen. Diese Freundschaft entsprach seinen geistigen Ansprüchen mehr als die mit Streicher und Reinwald.*

Die Gespräche und den gedanklichen Austausch in Briefen mit solch einem Mann brauchte er.

In dem Brief vom 3. Juli 1785 erwähnte Schiller, der nun glücklicherweise mit Göschen einen zuverlässigen Verleger gefunden hatte, wie übel ihm andere mitgespielt hatten: »Schwan und Götz haben die Indiskretion gegen mich gehabt, meinen ›Fiesko‹, ohne mir nur ein Wort zu gönnen, neu auflegen zu lassen, nachdem die erste Edition vergriffen war – und Götz trieb es so weit, dass ich einige Exemplare, die ich zu meinem Gebrauch aus ihrer Handlung nahm, bezahlen musste.«

In späteren Jahren wusste Schiller dann, wie er in Verhandlungen mit Verlegern für sich das Bestmögliche erreichen konnte.

Körners Großzügigkeit zeigte sich besonders, als er Schiller im September 1785 anbot, zu ihm nach Dresden zu kommen. Er hatte inzwischen seine Minna geheiratet. Nach der Hochzeitsfeier in Leipzig hatten Huber und Schiller das Brautpaar einige Zeit begleitet, und nach dem Abschied, auf dem Rückweg nach Gohlis, war Schiller vom Pferd gestürzt und hatte sich die Hand verletzt. So konnte er einen Monat lang nicht schreiben. Er vermisste zudem den Freund und die schönen Sommertage mit den Kameraden und folgte der Einladung nach Dresden mit großer Freude. Mit Körners verbrachte er einige Wochen in Loschwitz an der Elbe, wo sich Körner ein Weinberggrundstück mit einem hübschen Haus und einem Gartenhäuschen gekauft hatte. Schiller fühlte sich bei den Freunden vom ersten Tag an wie zu Hause und empfand während vieler Monate, für ihn eine verhältnismäßig lange Zeit, ein fast unbekanntes Wohlbeha-

gen und eine ihm sonst wesensfremde Heiterkeit, die sich in seinen Briefen und in lustigen Versen ausdrückt.
Den Brief an Huber lesen wir in ganzer Länge, weil es kaum einen fröhlicheren von Schiller gibt.

Dresden, 13. September 1785

Ich weiß zwar noch nicht, mein Lieber, ob dieser Brief heute wird abgehen können, dass du ihn morgen Abend in Händen hast, indessen will ich doch den Fall setzen und deinen Geburtstag darin ignorieren. Es ist der erste Brief, der von Dresden handelt, und er verdient also mit jedem anderen Inhalt verschont zu bleiben.

Was bisher meine heißesten Wünsche erzielten, hab ich nun endlich erlangt. Ich bin *hier*, im Schoße unserer Lieben, aufgehoben wie im Himmel. Ich würde es wagen, dich in das Innere meiner Seele hineinzuführen und dir die Geschichte meines Herzens von gestern an zu beschreiben, wenn ich dich so lange könnte vergessen machen, dass ich Dichter bin. Lass dir's also mit trocknen Worten malen: Mir ist wohl und in der *jetzigen* Fassung meines Gemüts kenne ich keine andere Besorgnis mehr als die Furcht vor dem allgemeinen Los der zerstörenden Zeit. Erblicke jetzt in mir dein eigenes Schicksal. Wie mir jetzt ist, wird dir in wenigen Wochen auch sein. – Betrachte mich also als den »sel'gen Spiegel deiner Seligkeit«.

Ich schreibe dir auf meinem Zimmerchen im Weinberg; über mir höre ich unsre lieben Weiberchens herumkramen in häuslichen Geschäften und mitunter auf dem Klavier klimpern. Wie viel Stimmung gibt mir das zu einer Unterhaltung mit dir!

Unsere Hierherreise war wirklich sehr angenehm, schade nur, dass der Abend und die Nacht uns beim Eintritt in die schönren Landschaften überfielen. Mit dem andächtigen Schauer eines Wallfahrers grüßte ich die merkwürdigen Plätzchen wieder, die sich in meinem Herzen unter der neulichen Reise vorzüglich ausgezeichnet hatten, als zum Beispiel die Abschiedsstelle zwischen Stauchitz und Hubertusburg. Als auf einmal, mir zum ersten Mal, die Elbe zwischen 2 Bergen heraustrat, schrie ich laut auf. O mein liebster Freund, wie interessant war mir alles! Die Elbe bildet eine romantische Natur um sich her und eine schwesterliche Ähnlichkeit mit dem Tummelplatz meiner frühen dichterischen Kindheit macht sie mir dreifach teuer. Meißen, Dresden und seine Gegenden gleichen ganz in die Familie meiner vaterländischen Fluren.

Zwölf Uhr in der Nacht war es, als wir über die Brücke fuhren. Ich sah hinter mir in der Neustadt, in der Gegend, worin ich Körners Haus vermutete, einige Häuser erleuchtet, und mein Herz wollte mich bereden, dass Körners darunter war. Im Goldnen Engel traten wir ab und den andern Morgen schickt ich in die Neustadt, mich nach Körners Aufenthalt zu erkundigen – weil ich vermutete, dass er im Weinberg wäre – und unsern Bedienten kommen zu lassen. Der Bediente brachte mir Grüße von den Weibern, Körner war noch bis 1 im Kollegium. Ich ließ mich in einer Portechaise hintragen, weil es ganz entsetzlich regnete, und die Freude unseres Wiedersehens – und eines *solchen* Wiedersehens – war himmlisch.

Körner wohnt äußerst niedlich und bequem. Die Zimmer sind freilich etwas niedrig; aber alles, was ihnen abgeht, wird durch das schöne Ameublement ersetzt und die Aussicht über die Elbe ist über alle Beschreibung schön.

Minna und Dorchen sind heiter und beide gesund. Körner ist ganz glücklich, wie du wohl denken kannst. Unter dem Mittagessen ist fleißig an den 5. gedacht worden und im guten Rheinwein wurde deine Gesundheit getrunken. Alles, alles war mir süß, weil ich mich endlich zu Hause fühlte. Nach dem Kaffee versuchte Körner etwas auf der Harmonika. – Lieber Huber, die Wirkung dieses Instruments kann in gewissen Situationen mächtig werden. Ich verspreche mir hohe Inspirationen von ihr.

Abends gegen 5 fuhren wir nach dem Weinberge, unterwegs fand ich die himmlischste Gegend. Er liegt eine Stunde vor der Stadt, ist beträchtlich und hat Terrain genug, Körners Erfindungsgeist zu allerlei Ideen zu verführen. Am Fuße des Berges liegt das Wohnhaus, welches weit geräumiger ist als das Endnerische zu Gohlis. Am Haus ist ein niedlicher kleiner Garten und oben auf der Höhe des Weinbergs steht noch ein artiges Gartenhäuschen. Die Aussicht von diesem und der Untergang der Sonne soll ganz zum Entzücken sein. Alles hierherum wimmelt von Weinbergen, Landhäuschen und Gütern.

Der gestrige Abend hier auf dem Weinberg war mir ein Vorschmack von allem Folgenden. Während das Dorchen und Minna auspackten und im Hause sich beschäftigten, hatten Körner und ich philosophische Gespräche. Jetzt wird er anfangen, tätig zu werden. O liebster Freund, das sollen göttliche Tage werden.

Diese Nacht habe ich zum ersten Mal unter einem Dache mit unsern Lieben geschlafen. Minna ist ein so liebes Hausweibchen. Sie haben mich gestern Nacht in Prozession auf mein Zimmerchen gebracht, wo ich alles zu meiner Bequemlichkeit schon bereitet fand. Heute beim Erwachen hörte ich über mir auf dem Klavier spielen, du glaubst nicht, wie mich das belebte.

Eben sind sie aus meinem Zimmer gegangen, um mich diesen Brief an dich schreiben zu lassen. Er ist fertig, und du hast die kurze Geschichte meines Hierseins bis auf den Augenblick, wo ich mich unterschreibe

Deinen

glücklichen Freund

Schiller

In Loschwitz und ab Ende Oktober in Dresden, wo er bis zum Juli 1787 blieb, arbeitete Schiller oft am »Don Carlos«, der endlich vollendet wurde. Im Laufe der Zeit hatte sich, wie schon erwähnt, seine Vorstellung von dem Stück immer wieder gewandelt, ebenfalls die Sympathien zu den Personen. Der eigentliche Held wird Posa, der ideale Freund des Infanten Carlos, durch den Schiller vielleicht seinen guten Freund Körner verkörpern oder würdigen wollte und den er seine eigenen Ideale aussprechen ließ.

Körner war ein gebildeter, aufgeschlossener Mann. Er weckte Schillers Interesse für den Königsberger Philosophen Immanuel Kant und gab ihm viele andere Anregungen. Der Dichter fühlte sich im Vergleich zu dem Freund ungebildet und wünschte sich viel Zeit für philosophische und geschichtliche Studien. Er begann mit seiner Kant-Lektüre und vertiefte sich in die Geschichte des Dreißigjährigen Krieges. Göschen schlug ihm vor, eine leicht verständliche Geschichte

des Dreißigjährigen Krieges zu verfassen, und Schiller plante eine weitere historische Abhandlung, die »Geschichte des Abfalls der vereinigten Niederlande von der Spanischen Regierung«, ein Stoff, der ihn seit der Arbeit am »Carlos« nicht losließ. Das sollte Arbeit für später sein. In Dresden schrieb er zunächst eine seiner drei Erzählungen, »Der Verbrecher aus verlorener Ehre«, für die Zeitschrift »Thalia« und begann einen Roman, der unvollendet blieb. Allmählich unruhiger und nervöser werdend, arbeitete er wieder nachts. Was Schiller geahnt oder erwartet hatte und in dem Brief an Huber mit »der Furcht vor dem allgemeinen Los der zerstörenden Zeit« bezeichnet hatte, trat ein: Er empfand seine Situation nach und nach als nicht mehr haltbar, fast brauchte er wieder eine innere Krise oder innere Revolution, wie er es nannte, um auf seinem Weg weiterzukommen. Obwohl es ihm schwer fiel, sich von der Familie Körner zu trennen, entschied er sich für einen Aufenthalt in Weimar. Seine Freundin Charlotte von Kalb, mit der er noch in brieflicher Ver-

bindung war und die sich in Weimar von dem berühmten
Arzt Hufeland behandeln ließ, hatte ihn eingeladen. Körner
mit Frau und Schwägerin hatten auch zu einer Veränderung
geraten. Sie waren, wie auch schon vorher in Leipzig, wegen
einer Liebesbeziehung des Dichters, die ihnen missfiel, ver-
stimmt und besorgt. Gern ließen sie ihn dennoch nicht
gehen.
Schiller erwartete viel, sehr viel von Weimar. Dort waren
Goethe, Herder und Wieland und andere kluge Männer und
Frauen.

»Der Verbrecher aus verlorener Ehre«

Die Erzählung beruht auf einer tatsächlichen Begebenheit. In der Karlsschule hatte der Lehrer Abel von dem Sonnenwirt Friedrich Schwan berichtet, der im Kampf gegen die Obrigkeit zum Mörder geworden und von Abels Vater verhaftet worden war. Schiller veränderte den Namen, die Ursachen des Verbrechens und den Lebenslauf des Mannes. Obwohl er viele Gräueltaten des Sonnenwirts schilderte, machte er sich dennoch zu seinem Verteidiger. Er wollte dem Leser die Erkenntnis vermitteln, dass jeder Mensch oder jede menschliche Seele zwischen Recht und Unrecht unterscheiden kann, dass aber sein Verhalten durch die äußeren Umstände bestimmt wird und also Rache und Leidenschaft, Eifersucht oder verletzter Stolz ihn zu unmoralischen, sogar verbrecherischen Handlungen zwingen können. Das Gute, das der Mensch in sich trägt, kann auch bei dem, der eine kriminelle Tat begangen hat, siegen. Das waren moderne Gedanken, im zwanzigsten Jahrhundert hatten Psychologen ähnliche Erkenntnisse. Schiller nannte die Erzählung, die er nach den Gesetzen der psychologischen Wahrscheinlichkeit geschrieben hatte, »eine wahre Geschichte«.
Der Held der Erzählung ist Christian Wolf, Sohn eines Wirtes. Er kommt aus verschmähter Liebe und wegen anderer unglücklicher Verhältnisse vom rechten Wege ab, wird Wilddieb und nach der Bestrafung wieder rückfällig. Er kommt ins Gefängnis, kann nach seiner Freilassung das Wildern nicht lassen und erschießt einen Jäger. Auf der Flucht trifft er Räuber, die ihn wegen seines schlechten Rufes bewundern

und ihn zum Räuberhauptmann machen. Nach vielen Ver-
brechen will er sich von der Bande lösen und kann sich
schließlich unbemerkt aus dem Staub machen. Er wünscht
sich, endlich ein ordentliches Leben zu führen, und schreibt
Bittbriefe an den Landesherrn. Es ist anzunehmen, dass
Schiller, als er einen davon aufschrieb, an seine eigenen
dachte. Christian Wolf erhält keine Antwort und will sich
deshalb in preußische Dienste begeben, um gesetzestreu
leben zu können.
Lesen wir den Schluss, um Schillers Erzählweise kennen zu
lernen. Die Erzählung war ein Beitrag für die Zeitschrift
»Thalia«, die nun bei Göschen erschien, und hieß noch
»Verbrecher aus Infamie«. Erst im Jahr 1792 veröffentlichte
Schiller den überarbeiteten Text in der Sammlung »Kleine
prosaische Schriften« unter dem Titel »Der Verbrecher aus
verlorener Ehre«.

Das Laster hatte seinen Unterricht an dem Unglücklichen
vollendet, sein natürlich guter Verstand siegte endlich über
die traurige Täuschung. Jetzt fühlte er, wie tief er gefallen
war, ruhige Schwermut trat an die Stelle knirschender Verzweiflung. Er wünschte mit Tränen die Vergangenheit zurück, jetzt wusste er gewiss, dass er sie ganz anders wie-
derholen würde. Er fing an zu hoffen, dass er noch
rechtschaffen werden dürfe, weil er bei sich empfand, dass
er es könne. Auf dem höchsten Gipfel seiner Verschlimme-
rung war er dem Guten näher, als er vielleicht vor seinem
ersten Fehltritt gewesen war.
Um eben diese Zeit war der Siebenjährige Krieg ausgebro-
chen und die Werbungen gingen stark. Der Unglückliche

schöpfte Hoffnung von diesem Umstand und schrieb einen Brief an seinen Landesherrn, den ich auszugsweise hier einrücke.

»Wenn Ihre fürstliche Huld sich nicht ekelt, bis zu mir herunterzusteigen, wenn Verbrecher meiner Art nicht außerhalb Ihrer Erbarmung liegen, so gönnen Sie mir Gehör, durchlauchtigster Oberherr. Ich bin Mörder und Dieb, das Gesetz verdammt mich zum Tode, die Gerichte suchen mich auf – und ich biete mich an, mich freiwillig zu stellen. Aber ich bringe zugleich eine seltsame Bitte vor Ihren Thron. Ich verabscheue mein Leben und fürchte den Tod nicht, aber schrecklich ist mirs zu sterben, ohne gelebt zu haben. Ich möchte leben, um einen Teil des Vergangenen gutzumachen; ich möchte leben, um den Staat zu versöhnen, den ich beleidigt habe. Meine Hinrichtung wird ein Beispiel sein für die Welt, aber kein Ersatz für meine Taten. Ich hasse die Laster und sehne mich feurig nach Rechtschaffenheit und Tugend. Ich habe Fähigkeiten gezeigt, meinem Vaterland furchtbar zu werden, ich hoffe, dass mir noch einige übrig geblieben sind, ihm zu nützen. (…)«

Diese Bittschrift blieb ohne Antwort, wie auch eine zweite und dritte, worin der Supplikant um eine Reiterstelle im Dienste des Fürsten bat. Seine Hoffnung zu einem Pardon erlosch gänzlich, er fasste den Entschluss, aus dem Land zu fliehen und im Dienste des Königs von Preußen als ein braver Soldat zu sterben.

Er entwischte glücklich seiner Bande und trat diese Reise an. Der Weg führte ihn durch eine kleine Landstadt, wo er übernachten wollte. Kurze Zeit vorher waren durch das ganze Land geschärftere Mandate zu strenger Untersuchung der Reisenden ergangen, weil der Landesherr, ein Reichsfürst, im Kriege Partei genommen hatte. Einen solchen Befehl hatte auch der Torschreiber dieses Städtchens, der auf einer Bank vor dem Schlage saß, als der Sonnenwirt geritten kam. Der Aufzug dieses Mannes hatte etwas Possierliches und zugleich etwas Schreckliches und Wildes. Der hagre Klepper, den er ritt, und die burleske Wahl seiner Kleidungsstücke, wobei wahrscheinlich weniger sein Geschmack als die Chronologie seiner Entwendungen zu Rat gezogen war, kontrastierte seltsam genug mit einem Gesicht, worauf so viele wütende Affekte, gleich den verstümmelten Leichen auf einem Waldplatz, verbreitet lagen. Der Torschreiber stutzte beim Anblick dieses seltsamen Wanderers. Er war am Schlagbaum grau geworden und eine vierzigjährige Amtsführung hatte in ihm einen unfehlbaren Physiognomen aller Landstreicher erzogen. Der Falkenblick dieses Spürers verfehlte auch hier seinen Mann nicht. Er sperrte sogleich das Stadttor und forderte dem Reiter den Pass ab, indem er sich seines Zügels versicherte. Wolf war auf Fälle dieser Art vorbereitet und führte auch wirklich einen Pass bei sich, den er ohnlängst von einem geplünderten Kaufmann erbeutet hatte. Aber dieses einzelne Zeugnis war nicht genug, eine vierzigjährige Observanz umzustoßen und das Orakel am Schlagbaum zu einem Widerruf zu bewegen. Der Torschreiber glaubte seinen Augen mehr als diesem Papiere, und Wolf war genötigt, ihm nach dem Amtshaus zu folgen.

Der Oberamtmann des Ortes untersuchte den Pass und erklärte ihn für richtig. Er war ein starker Anbeter der Neuigkeit und liebte besonders, bei seiner Bouteille über die

Zeitung zu plaudern. Der Pass sagte ihm, dass der Besitzer geradewegs aus den feindlichen Ländern käme, wo der Schauplatz des Krieges war. Er hoffte, Privatnachrichten aus dem Fremden herauszulocken, und schickte einen Sekretär mit dem Pass zurück, ihn auf eine Flasche Wein einzuladen.

Unterdessen hält der Sonnenwirt vor dem Amtshaus; das lächerliche Schauspiel hat den Janhagel des Städtchens scharenweise um ihn her versammelt. Man murmelt sich in die Ohren, deutet wechselweise auf das Ross und den Reiter; der Mutwille des Pöbels steigt endlich bis zu einem lauten Tumult. Unglücklicherweise war das Pferd, worauf jetzt alles mit Fingern wies, ein geraubtes; er bildet sich ein, das Pferd sei in Steckbriefen beschrieben und erkannt. Die unerwartete Gastfreundlichkeit des Oberamtmanns vollendet seinen Verdacht. Jetzt hält ers für ausgemacht, dass die Betrügerei seines Passes verraten und diese Einladung nur die Schlinge sei, ihn lebendig und ohne Widersetzung zu fangen. Böses Gewissen macht ihn zum Dummkopf, er gibt seinem Pferd die Sporen und rennt davon, ohne Antwort zu geben.

Diese plötzliche Flucht ist die Losung zum Aufstand.

»Ein Spitzbube!«, ruft alles und alles stürzt hinter ihm her. Dem Reiter gilt es um Leben und Tod, er hat schon den Vorsprung, seine Verfolger keuchen atemlos nach, er ist seiner Rettung nahe – aber eine schwere Hand drückt unsichtbar gegen ihn, die Uhr seines Schicksals ist abgelaufen, die unerbittliche Nemesis hält ihren Schuldner an. Die Gasse, der er sich anvertraute, endigt in einem Sack, er muss rückwärts gegen seine Verfolger umwenden.

Der Lärm dieser Begebenheit hat unterdessen das ganze Städtchen in Aufruhr gebracht. Haufen sammeln sich zu Haufen, alle Gassen sind gesperrt, ein Heer von Feinden kömmt im Anmarsch gegen ihn her. Er zeigt eine Pistole, das Volk weicht, er will sich mit Macht einen Weg durchs Gedränge bahnen.

»Dieser Schuss«, ruft er, »soll dem Tollkühnen, der mich halten will« – Die Furcht gebietet eine allgemeine Pause – ein beherzter Schlossergeselle endlich fällt ihm von hinten her in den Arm und fasst den Finger, womit der Rasende eben losdrücken will, und drückt ihn aus dem Gelenke. Die Pistole fällt, der wehrlose Mann wird vom Pferde herabgerissen und im Triumph nach dem Amtshaus zurückgeschleppt.

»Wer seid Ihr?«, frägt der Richter mit ziemlich brutalem Ton.

»Ein Mann, der entschlossen ist, auf keine Frage zu antworten, bis man sie höflicher einrichtet.«

»Wer sind Sie?«

»Für was ich mich ausgab. Ich habe ganz Deutschland durchreist und die Unverschämtheit nirgends als hier zu Hause gefunden.«

»Ihre schnelle Flucht macht Sie sehr verdächtig. Warum flohen Sie?«

»Weil ichs müde war, der Spott Ihres Pöbels zu sein.«

»Sie drohten, Feuer zu geben.«

»Meine Pistole war nicht geladen.« Man untersuchte das Gewehr, es war keine Kugel darin.

»Warum führen Sie heimliche Waffen bei sich?«

»Weil ich Sachen von Wert bei mir trage und weil man

mich vor einem gewissen Sonnenwirt gewarnt hat, der in diesen Gegenden streifen soll.«

»Ihre Antworten beweisen sehr viel für Ihre Dreistigkeit, aber nichts für Ihre gute Sache. Ich gebe Ihnen Zeit bis morgen, ob Sie mir die Wahrheit entdecken wollen.«

»Ich werde bei meiner Aussage bleiben.«

»Man führe ihn nach dem Turm.«

»Nach dem Turm? – Herr Oberamtmann, ich hoffe, es gibt noch Gerechtigkeit in diesem Lande. Ich werde Genugtuung fordern.«

»Ich werde sie Ihnen geben, sobald Sie gerechtfertigt sind.«

Den Morgen darauf überlegte der Oberamtmann, der Fremde möchte doch wohl unschuldig sein, die befehlshaberische Sprache würde nichts über seinen Starrsinn vermögen, es wäre vielleicht besser getan, ihm mit Anstand und Mäßigung zu begegnen.

Er versammelte die Geschwornen des Ortes und ließ den Gefangenen vorführen.

»Verzeihen Sie es der ersten Aufwallung, mein Herr, wenn ich Sie gestern etwas hart anließ.«

»Sehr gern, wenn Sie mich so fassen.«

»Unsere Gesetze sind strenge und Ihre Begebenheit machte Lärm. Ich kann Sie nicht freigeben, ohne meine Pflicht zu verletzen. Der Schein ist gegen Sie. Ich wünschte, Sie sagten mir etwas, wodurch er widerlegt werden könnte.«

»Wenn ich nun nichts wüsste?«

»So muss ich den Vorfall an die Regierung berichten und Sie bleiben so lang in fester Verwahrung.«

»Und dann?«

»Dann laufen Sie Gefahr, als ein Landstreicher über die

Grenze gepeitscht zu werden oder, wenns gnädig geht, unter die Werber zu fallen.«

Er schwieg einige Minuten und schien einen heftigen Kampf zu kämpfen; dann drehte er sich rasch zu dem Richter.

»Kann ich auf eine Viertelstunde mit Ihnen allein sein?«

Die Geschwornen sahen sich zweideutig an, entfernten sich aber auf einen gebietenden Wink ihres Herrn.

»Nun, was verlangen Sie?«

»Ihr gestriges Betragen, Herr Oberamtmann, hätte mich nimmermehr zu einem Geständnis gebracht, denn ich trotze der Gewalt. Die Bescheidenheit, mit der Sie mich heute behandeln, hat mir Vertrauen und Achtung gegen Sie gegeben. Ich glaube, dass Sie ein edler Mann sind.«

»Was haben Sie mir zu sagen?«

»Ich sehe, dass Sie ein edler Mann sind. Ich habe mir längst einen Mann gewünscht wie Sie. Erlauben Sie mir Ihre rechte Hand.«

»Wo will das hinaus?«

»Dieser Kopf ist grau und ehrwürdig. Sie sind lang in der Welt gewesen – haben der Leiden wohl viele gehabt – Nicht wahr? und sind menschlicher worden?«

»Mein Herr – wozu soll das?«

»Sie stehen noch einen Schritt von der Ewigkeit, bald – bald brauchen Sie Barmherzigkeit bei Gott. Sie werden sie Menschen nicht versagen – – Ahnden Sie nichts? Mit wem glauben Sie, dass Sie reden?«

»Was ist das? Sie erschrecken mich.«

»Ahnden Sie noch nicht – Schreiben Sie es Ihrem Fürsten, wie Sie mich fanden und dass ich selbst aus freier Wahl

mein Verräter war – dass ihm Gott einmal gnädig sein werde, wie er jetzt mir es sein wird – bitten Sie für mich, alter
Mann, und lassen Sie dann auf Ihren Bericht eine Träne
fallen: Ich bin der Sonnenwirt.«

In Weimar

Schiller kam Ende Juli 1787 in Weimar an. Er wollte nur einige Monate in der kleinen, berühmten Residenzstadt bleiben und dann nach Hamburg weiterreisen. Dort sollte »Don Carlos« aufgeführt werden und der Dichter versprach sich eine Anstellung an dem fortschrittlichen Hamburger Theater. Er hatte sich, wie er und die Freunde dachten, auch nicht für immer von Körners verabschiedet, er wollte wiederkommen. Aber alles kam anders. Thüringische Orte wurden seine Wirkungsstätten, vor allem Weimar und Jena.

In Weimar hoffte er, Goethe zu begegnen. Aber der große, bedeutende Mann, von dem alle, wie er Körner schrieb, »mit einer Art Anbetung« sprachen, war in Italien und der Herzog Karl August hielt sich in Potsdam auf. Glücklicherweise kannte Charlotte von Kalb viele Leute in Weimar. Sie führte ihn in die Gesellschaft ein, die tolerant genug war, das Verhältnis der beiden zu akzeptieren. Um eine reine Seelenfreundschaft handelte es sich dabei wahrscheinlich nicht, aber an solche Paare war man in Weimar gewöhnt.

Schiller selbst wollte so schnell wie möglich die Bekanntschaft mit Wieland und Herder machen. Er wurde zunächst von Christoph Martin Wieland empfangen, der zu den wichtigsten Dichtern der vergangenen Jahrzehnte gehörte und den die Herzoginmutter Anna Amalia als Erzieher ihrer Söhne an den Weimarer Hof geholt hatte. Schiller sprach mit ihm über Religion, Literatur und Philosophie und konnte erfreut an Körner schreiben, dass Wieland mit ihm wohl eine dauernde Bekanntschaft wünsche. Er erklärte sich zur Mitarbeit an dessen Zeitschrift »Teutscher Merkur« bereit und veröffentlichte darin die Gedichte »Die Götter Griechenlands« und »Die Künstler«, außerdem die »Briefe über Don Carlos« und die Einleitung zur »Geschichte des Abfalls der vereinigten Niederlande von der Spanischen Regierung«, mit der er sich erstmals als Historiker bewies.

Das Gedicht »Die Künstler« ist sehr lang, will einfach nicht enden und enthält gewiss viele überflüssige Verse, was auch Goethes Meinung war. Aber wenn man sich hineinliest, fühlt man sich doch angesprochen, und man beginnt zu verstehen, was Schiller bezweckte. Er schrieb eine Hymne, die er dem Leser seines Jahrhunderts widmete, das er das menschliche Jahrhundert nannte, und zugleich auch ein Lehrgedicht, das seine philosophischen Ideen vermitteln sollte.

In ihren Grundzügen ist hier Schillers Schönheitsphilosophie, die er später ausführlich in der Schrift »Über Anmut und Würde« und in den Briefen »Über die ästhetische Erziehung des Menschen« entwickelte, schon vorgezeichnet. Die Grundidee, die sich in dem Gedicht vielfach darbietet, ist die Harmonie, das Gleichmaß. Die Harmonie kann nur der Künstler oder die Kunst schaffen, indem sie die Natur und die Naturbedingungen überwindet und Herr über die Natur wird, indem der Mensch also vom frühen Zustand der Barbarei zur Würde und Vollkommenheit findet und durch das Schöne zur Erkenntnis gelangt, zur Freiheit und zur Wahrheit. Das wird in dem Gedicht auf poetische Weise erzählt. In den späteren Schriften formuliert Schiller diesen Gedanken mit den Begriffen Sinnlichkeit und Sittlichkeit, die sich der Harmonie wegen verbinden müssen. Im Gedicht drückt er diese Grundidee auf immer neue Weise aus, sehr anschau-

lich mit schönen Bildern. Schiller sprach auch in Briefen an Körner davon, dass es sich um eine Allegorie handle, die er »dem Leser von allen Seiten ins Gesicht spielen lasse«, und dass derselbe Gedanke in immer neuen Formen erscheine. Hier als Kostprobe einige wenige Strophen:

DIE KÜNSTLER

Wie schön, o Mensch, mit deinem Palmenzweige
Stehst du an des Jahrhunderts Neige,
In edler stolzer Männlichkeit,
Mit aufgeschlossnem Sinn, mit Geistesfülle,
Voll milden Ernsts, in tatenreicher Stille,
Der reifste Sohn der Zeit,
Frei durch Vernunft, stark durch Gesetze,
Durch Sanftmut groß, und reich durch Schätze,
Die lange Zeit dein Busen dir verschwieg,
Herr der Natur, die deine Fesseln liebet,
Die deine Kraft in tausend Kämpfen übet
Und prangend unter dir aus der Verwildrung stieg!
(...)
Nur durch das Morgentor des Schönen
Drangst du in der Erkenntnis Land.
An höhern Glanz sich zu gewöhnen,
Übt sich am Reize der Verstand.
Was bei dem Saitenklang der Musen
Mit süßem Beben dich durchdrang,
Erzog die Kraft in deinem Busen,
Die sich dereinst zum Weltgeist schwang.

Was erst, nachdem Jahrtausende verflossen,
Die alternde Vernunft erfand,
Lag im Symbol des Schönen und des Großen
Voraus geoffenbart dem kindischen Verstand.
Ihr holdes Bild hieß uns die Tugend lieben,
Ein zarter Sinn hat vor dem Laster sich gesträubt,
Eh noch ein Solon das Gesetz geschrieben,
Das matte Blüten langsam treibt.
Eh vor des Denkers Geist der kühne
Begriff des ew'gen Raumes stand,
Wer sah hinauf zur Sternenbühne,
Der ihn nicht ahndend schon empfand?
(...)
Eh ihr das Gleichmaß in die Welt gebracht,
Dem alle Wesen freudig dienen –
Ein unermessner Bau, im schwarzen Flor der Nacht
Nächst um ihn her mit mattem Strahle nur beschienen,
Ein streitendes Gestaltenheer,
Die seinen Sinn in Sklavenbanden hielten
Und ungesellig, rau wie er,
Mit tausend Kräften auf ihn zielten,
– So stand die Schöpfung vor dem Wilden.
Durch der Begierde blinde Fessel nur
An die Erscheinungen gebunden,
Entfloh ihm, ungenossen, unempfunden,
Die schöne Seele der Natur.
(...)
Die Auswahl einer Blumenflur,
Mit weiser Wahl in einen Strauß gebunden,
So trat die erste Kunst aus der Natur;

Jetzt wurden *Sträuße* schon in einen *Kranz* gewunden,
Und eine zweite höhre Kunst erstand
Aus Schöpfungen der Menschenhand.
Das Kind der Schönheit, sich allein genug,
Vollendet schon aus eurer Hand gegangen,
Verliert die Krone, die es trug,
Sobald es Wirklichkeit empfangen.
Die Säule muss, dem Gleichmaß untertan,
An ihre Schwestern nachbarlich sich schließen,
Der Held im Heldenheer zerfließen,
Des Mäoniden Harfe stimmt voran.
(…)
Der Menschheit Würde ist in eure Hand gegeben,
Bewahret sie!
Sie sinkt mit euch! Mit euch wird sie sich heben!
Der Dichtung heilige Magie
Dient einem weisen Weltenplane,
Still lenke sie zum Ozeane
Der großen Harmonie.
(…)

*In diesem Gedicht geht die Poesie mit der Philosophie Hand
in Hand, und das erklärt sich sicherlich auch aus den Gesprächen, die Schiller in Weimar mit Herder führte, und aus
seiner Lektüre von philosophischen Schriften.*
*Johann Gottfried Herder, dem Goethe einige Jahre vorher
zu einer Anstellung als Superintendent und Hofprediger in
Weimar verholfen hatte, hatte Schiller freundlich, aber mit
Zurückhaltung empfangen. Er hatte bisher noch nichts von
ihm gelesen, da er sich wegen seiner eigenen Arbeit nicht oft*

mit Veröffentlichungen seiner Zeitgenossen befasste. Er äu-
ßerte sich aber nach der Lektüre des »Don Carlos« wohl-
wollend.

Schiller hatte sich also im neuen Wohnort gut eingelebt. Eine
großartige Residenzstadt war Weimar nicht, sondern ein be-
scheidenes Städtchen mit schmutzigen, unbefestigten Stra-
ßen, das nicht einmal eine eigene Poststation besaß. Das
Schloss war im Jahr 1774 abgebrannt und wurde restauriert.
Die Sommerpaläste Ettersburg, Belvedere und Tiefurt waren
nicht weit, ansehnlich war vor allem die Flanierstraße, ge-
nannt Esplanade. Spazieren gehen durften auf dieser Straße
aber nur die Adeligen und Bürger, nicht die bäuerliche Be-
völkerung, einfache Handwerker oder Dienstleute. Es gab
jedoch nur 1 Prozent Adelige und 23 Prozent Bürgerliche
unter der Bevölkerung.
Trotz aller Bescheidenheit war Weimar etwas Besonderes.
Dafür hatte vor allem eine Frau gesorgt, die bis zum acht-
zehnten Geburtstag ihres ältesten Sohnes die Regierungsge-
schäfte gut und geschickt geführt hatte. Anna Amalia hatte
als Herzogin von Sachsen-Weimar-Eisenach ein Gespür da-
für gehabt, wie sich die Stadt zu einem Kulturzentrum ent-
wickeln könnte, zu einem Zentrum auch für die bürgerliche
Literatur und des Theaters. Die tolerante und kluge Frau
holte bürgerliche Intellektuelle an ihren Hof, denen es ge-
lang, sich gegen den konservativen Adel durchzusetzen. Der
Sohn Karl August teilte die kulturellen Neigungen seiner
Mutter. Er holte Goethe nach Weimar, der sofort einen guten
Kontakt zu Anna Amalia hatte.
Als Schiller in der Stadt war, wurde er zweimal von der Her-

zoginmutter in ihren geselligen Kreis nach Schloss Tiefurt
eingeladen. Auch davon berichtete er Körner:

Weimar, 28. Juli 1787
(…) Gestern habe ich einen vergnügten Tag gehabt. Ich bekam eine Einladung von der Herzogin und Wieland sollte
mit mir nach Tiefurt fahren. Dieses geschah. Unterwegs
hatte ich Gelegenheit, Verschiedenes von ihm herauszu-
bringen, das mir am Herzen lag. Es wird dich freuen, wenn
ich dir sage, dass sich ein Verständnis unter uns bildet, wie
ich es mir lange gewünscht habe. Der Ton, auf den er sich
schnell mit mir gestimmt hat, verrät mir Zutrauen, Liebe
und Achtung. So viel sehe ich offenbar, dass er mich vor
den meisten schriftstellerischen Menschen unsers Deutschlands auszeichnet und hohe Erwartungen von mir hegt. Mit
meinen bisherigen Produkten (den »Carlos« soll er erst lesen) ist er übel zufrieden, wie er mir aufrichtig gesteht; aber
er versichert mir, dass er nie daran gezweifelt habe, ich
könnte und würde ein großer Schriftsteller werden. Sein
Urteil über mich ist so ziemlich das unsrige. (…) Wir waren
zwei Stunden dort, es wurde Tee gegeben und von allem
Möglichem viel schales Zeug geschwatzt. Ich ging dann mit
der Herzogin im Garten spazieren. (…) Sie selbst hat *mich*
nicht erobert. Ihre Physiognomie will mir nicht gefallen.
Ihr Geist ist äußerst borniert, nichts interessiert sie, als was
mit Sinnlichkeit zusammenhängt; diese gibt ihr den Geschmack, den sie für Musik und Malerei und dergleichen
hat oder haben will. Sie ist selbst Komponistin, Goethens
»Erwin und Elmire« ist von ihr gesetzt. Sie spricht wenig,
doch hat sie das Gute, keine Steifigkeit des Zeremoniells

zu verlangen, welches ich mir auch trefflich zu Nutze machte. Ich weiß nicht, wie ich zu der Sicherheit meines Wesens, zu dem Anstand kam, den ich hier behauptete. Charlotte versicherte mir auch, dass ich es hier überall mit meinen Manieren wagen dürfe. Bis jetzt habe ich, wo ich mich zeigte, nirgends verloren. Charlottens Idee von mir hat mir Zuversicht gegeben und die nähere Bekanntschaft mit diesen weimarischen Riesen – ich gestehe dir's – hat meine Meinung von mir selbst verbessert.

Obwohl sich Schiller mit Anna Amalia sehr gut über die Gartenanlagen unterhalten und mit ihr im Park eine Büste Wielands betrachtet hatte, gab er in dem Brief keine schmeichelnde, sondern eine zu schnelle und subjektive Beschreibung der Gastgeberin. Außerdem hielt er die Weimarer Gesellschaft nicht für besonders klug und gebildet, wie wir im nächsten Brief lesen:

An Ludwig Ferdinand Huber

Weimar, 28. August 1787

(…) Das Resultat aller meiner hiesigen Erfahrungen ist, dass ich meine Armut erkenne, aber meinen Geist höher anschlage, als bisher geschehen war. Dem Mangel, den ich in Vergleichung mit andern in mir fühle, kann ich durch Fleiß und Applikation begegnen und dann werde ich das glückliche Selbstgefühl meines Wesens rein und vollständig haben. Mich selbst zu würdigen, habe ich den Eindruck müssen kennen lernen, den mein Genius auf den Geist mehrerer entschieden großer Menschen macht. Da ich diesen nun kenne und den Vereinigungspunkt ihrer verschiedenen Meinungen von mir ausfindig gemacht habe, so fehlt meinem Urteile von mir selbst nichts mehr. Um nun zu werden, was ich soll und kann, werd ich besser von mir denken lernen und aufhören, mich in meiner eigenen Vorstellungsart zu erniedrigen.

Schiller war inzwischen recht selbstbewusst und anderen gegenüber ziemlich kritisch geworden. Er zweifelte nicht daran, dass man ihn seines Genius wegen hoch einschätzte. Unter dem Begriff »Genie« verstand man damals etwas anderes als heute, nämlich die Fähigkeit zum emanzipierten, selbstbestimmenden Handeln und Schaffen nach eigenen Ideen und Vorstellungen. In einem Brief an Körner, in dem Schiller philosophische Gedanken erläuterte, schrieb er einmal mit beinahe kindlichem Stolz, dass er alles aus sich selbst habe.
Mit abwertenden Meinungen hielt Schiller sich in den Berichten an die Freunde nicht zurück. Das dürfen wir vielleicht damit entschuldigen, dass sein Bemühen, an sich selbst die höchsten Anforderungen zu stellen, von nun an nie mehr nachließ. In Weimar begann für ihn ein grundsätzlich neuer Lebensabschnitt, die Jahre einer unermüdlichen und höchst anstrengenden Arbeit, die ihm alles abverlangte und die er selten unterbrach.
Auch über Wieland äußerte er sich in weiteren Briefen kritischer und gab Äußerungen über dessen unausgeglichenen Charakter, die ein Bekannter gemacht hatte, an Körner weiter. – Bemerkungen über das Ehepaar Herder sind da schon amüsanter:

An Christian Gottfried Körner

Weimar, 29. August 1787

(...) Von den hiesigen großen Geistern überhaupt kommen einem immer närrische Dinge zu Ohren. Herder und seine Frau leben in einer egoistischen Einsamkeit und bilden zusammen eine Art von heiliger Zweieinigkeit, von der sie jeden Erdensohn ausschließen. Aber weil beide stolz, beide heftig sind, so stößt diese Gottheit zuweilen unter sich selbst aneinander. Wenn sie also in Unfrieden geraten sind, so wohnen beide abgesondert in ihren Etagen, und Briefe laufen Treppe auf, Treppe nieder, bis sich endlich die Frau entschließt, in eigner Person in ihres Ehgemahls Zimmer zu treten, wo sie eine Stelle aus seinen Schriften rezitiert mit den Worten: »Wer das gemacht hat, muss ein Gott sein, und auf den kann niemand zürnen.« – Dann fällt ihr der besiegte Herder um den Hals und die Fehde hat ein Ende. Schlechter sind die Gottheiten bestellt, wo sie wieder an die Sterblichkeit grenzen. So weiß man zum Beispiel, dass Fleischer und Schneider Hunderte an sie zu fordern haben, und zwar seit acht und zehn Jahren. Einer Magd, die aus dem Dienst geschickt wurde und welche ihren sehr hoch anlaufenden Lohn forderte, setzte die Frau Generalsuperintendenten höchst eigenhändig eine Rechnung von allem zerbrochenen Küchengeschirre auf, dass nur noch 2 oder 3 Taler zu bezahlen übrig blieben. Preiset Gott, dass ihr nicht unsterblich seid! (...)

Möglicherweise interessierte sich Körner für den Tratsch und Klatsch aus Weimar, den ihm sein Freund übermittelte. Dachte er beim Lesen wohl an die Schulden Schillers, die er

großzügig bezahlt hatte? In Weimar war dieser darauf ange-
wiesen, sich den Lebensunterhalt selber zu verdienen. Er
brauchte eine Wohnung, weil der Gasthof auf Dauer zu teu-
er wurde, und mietete zuerst zwei Zimmer und eine Kammer
für 18 Taler in der Esplanade beim Wittumspalais und nach
drei Monaten eine preiswertere Wohnung am Frauentor ne-
ben dem Gasthof »Zum weißen Schwan«. Er wäre Goethes
Nachbar gewesen, hätte der nicht noch in Rom geweilt.
Im Brief an Körner vom 29. August erwähnt er auch den ab-
wesenden Dichter:

Ich habe am 28. August Goethens Geburtstag mit begehen
helfen, den Herr von Knebel in seinem Garten feierte, wo
er in Goethes Abwesenheit wohnt. Die Gesellschaft bestand aus einigen hiesigen Damen, Voigts, Charlotten und
mir. Herders beide Jungen waren auch dabei. Wir fraßen
herzhaft und Goethens Gesundheit wurde von mir in
Rheinwein getrunken. Schwerlich vermutete er in Italien,
dass er mich unter seinen Hausgästen habe, aber das
Schicksal fügt die Dinge gar wunderbar.

Es dauerte noch etwas, bis das Schicksal die beiden zusam-
menführen sollte. Inzwischen lernte Schiller andere Leute
kennen. Für ein paar Tage war er Gast bei einem Professor
Reinhold in Jena, der Wielands Schwiegersohn war und Vor-
lesungen über Kant hielt. Die Stadt gefiel Schiller besser als
Weimar, weil die Professoren und Studenten dort unabhän-
giger und ungezwungener miteinander umgingen als die Ge-
sellschaft in Weimar. Dass er sich dennoch nicht ganz wohl
fühlte, lag an seiner eigenen Untätigkeit in diesen Tagen; es

drängte ihn schon wieder zur Arbeit. Reinhold sprach zu seiner Überraschung von einer möglichen Anstellung als Professor an der Universität. Falls Schiller es wünsche, könne etwas daraus werden. Es verging noch einige Zeit, bis es so weit war und bis er schließlich am 15. Dezember 1788 zum außerordentlichen unbesoldeten Professor für Geschichte an die Jenaer Akademie berufen wurde. Der einflussreiche Geheime Rat Johann Wolfgang von Goethe hatte sich, nachdem er nach seiner Rückkehr aus Italien über Schiller genügend Nachforschungen angestellt hatte, sogar für dessen Professur in Jena eingesetzt. Widmen wir uns nun eine Weile dem Historiker.

Herr Professor Schiller

Auch ein Friedrich Schiller, überzeugt von seinem Genius, wurde nicht von heute auf morgen Professor. Den Titel bekam er verhältnismäßig schnell und problemlos verliehen, trotzdem war er sehr stolz darauf. Er bekam es aber auch mit der Angst zu tun und fürchtete, dass seine historischen Kenntnisse noch nicht ausreichten und dass die Studenten mehr wüssten als er. Er wollte sich so gut wie nur möglich vorbereiten und bat Körner um Ratschläge. Der Freund machte ihn auf nützliche Standardwerke der Geschichtswissenschaft und auf andere Bücher aufmerksam, obwohl es ihm gar nicht recht war, dass sich Schiller von der Poesie entfernte. Schiller versuchte, ihn zu beruhigen. Mit den Worten, die er Körner schrieb, beruhigte er wohl auch seine eigenen Zweifel:

Es liegt mir alles daran, binnen zwei Jahren zu einer Besoldung zu gelangen, die mich ganz in Ansehung meiner Subsistenz sichert und einen gründlichen Fonds zur Tilgung meiner Schulden gibt. Diese Letzteren verbittern mir das Leben und bei dieser Seelenlage ist es ganz und gar um meine schriftstellerische Tätigkeit getan.

Monatelang betrieb Schiller Geschichtsstudien und er gewann nicht nur neue Kenntnisse, es änderte sich auch seine eigene Einschätzung von historischen Fakten und Stoffen. Während er als Poet noch der Ansicht war, die Geschichte sei ein Magazin für seine Phantasie und müsse sich gefallen lassen, was sie unter seinen Händen würde, betrachtete er sie nun als eine Wissenschaft, die gründlich erforscht werden musste.

Sein erster Aufenthalt in Weimar endete am 11. Mai 1789. Schiller bezog in Jena eine Wohnung in der Jenergasse 26, in einem Haus mit vielen Studenten, das nach den beiden Besitzerinnen mit Namen Schramm »Schrammei« genannt wurde. Er ließ sich zum ersten Mal in seinem Leben einen eigenen Schreibtisch anfertigen, sein wichtigstes Möbelstück und sicherlich sein Statussymbol.

Zwei Wochen später hielt er seine Antrittsvorlesung, die ein gewaltiges Aufsehen erregte. Der Hörsaal war schon eine halbe Stunde vorher überfüllt: Mit großer Neugier erwarteten alle den Dichter der »Räuber«, und nachdem man in einen größeren Hörsaal umgezogen war, konnte dieser Dichter-Historiker mit der »Einführung in die Universalgeschichte« beginnen. Er hielt keinen trockenen Vortrag, sondern sprach mit einer Lebhaftigkeit und einem pathetischen Engagement, das den Dramatiker erkennen ließ. Er deutete die Geschichte mit seinen philosophischen Grundideen. Die Studenten waren beeindruckt und redeten den ganzen Abend von nichts anderem als von diesem Mann. Sie brachten ihm ein Ständchen und riefen dreimal Vivat. Auch am nächsten Tag war mit beinahe 500 Studenten das Auditorium voll besetzt. Alle warteten interessiert auf den zweiten Teil der Vorlesung, der Schiller den Titel »Was heißt und zu welchem Ende studiert man Universalgeschichte?« gegeben hatte.

In diesen ersten Vorlesungen forderte Schiller die Studenten auf, sich umfassend zu bilden, und erklärte ihnen den Be-

griff »philosophischer Kopf« im Gegensatz zum Brotgelehrten, der nur ein fragmentarisches Wissen hat. Seine grundsätzliche These war, dass geschichtliche Ereignisse aus ihrer Zeit, historische Wirkungen aus ihren Ursachen zu verstehen seien. Mit dem Studium der Geschichte lasse sich die Gegenwart bewältigen, weil man die Fehler der Vergangenheit vermeiden könne.

Mischen wir uns nun für eine Weile unter die Studenten und hören wir uns den Schluss der Vorlesung an:

Unser *menschliches* Jahrhundert herbeizuführen, haben sich – ohne es zu wissen oder zu erzielen – alle vorhergehenden Zeitalter angestrengt. Unser sind alle Schätze, welche Fleiß und Genie, Vernunft und Erfahrung im langen Alter der Welt endlich heimgebracht haben. Aus der Geschichte erst werden *Sie* lernen, einen Wert auf die Güter zu legen, denen Gewohnheit und unangefochtener Besitz so gern unsere Dankbarkeit rauben: kostbare teure Güter, an denen das Blut der Besten und Edelsten klebt, die durch die schwere Arbeit so vieler Generationen haben errungen werden müssen! Und welcher unter Ihnen, bei dem sich ein heller Geist mit einem empfindenden Herzen gattet, könnte dieser hohen Verpflichtung eingedenk sein, ohne dass sich ein Wunsch in ihm regte, an das *kommende* Geschlecht die Schuld zu entrichten, die er dem vergangenen nicht mehr abtragen kann? Ein edles Verlangen muss in uns entglühen, zu dem reichen Vermächtnis von Wahrheit, Sittlichkeit und Freiheit, die wir von der Vorwelt überkamen und reich vermehrt an die Folgewelt wieder abgeben müssen, auch aus *unseren* Mitteln einen Beitrag zu legen und an dieser unvergänglichen Kette, die durch alle Menschengeschlechter sich windet, unser fliehendes Dasein zu befestigen. Wie verschieden auch die Bestimmung sei, die in der bürgerlichen Gesellschaft Sie erwartet – etwas dazusteuern können Sie alle! Jedem Verdienst ist eine Bahn zur Unsterblichlichkeit aufgetan, zu der wahren Unsterblichkeit, meine ich, wo die Tat lebt und weiter eilt, wenn auch der Name ihres Urhebers hinter ihr zurückbleiben sollte.

In dieser Rede klangen einige der philosophischen Leitgedanken Schillers an, Begriffe, die heute nicht mehr zu unserem Wortschatz gehören, weil sie unsere moralischen Werte nicht mehr umfassen. Es ist auch nicht einfach, sie zu erklären, dafür wären dickere Bücher nötig als dieses. Ich erlaube mir, meine Erläuterungen ganz bescheiden, aber anschaulich zu formulieren, und verknüpfe sie mit einem einzigen Satz aus Schillers philosophischen Schriften.
In seiner Vorlesung legte Professor Schiller den Studenten das Vermächtnis von Wahrheit, Sittlichkeit und Freiheit ans Herz. Was bedeutet überhaupt »Sittlichkeit«? Wie kann der Mensch sie erlangen?
Die Antwort gibt dieser Satz aus der zweiten Abhandlung in Schillers Schrift »Über Anmut und Würde«: »Das Tier muss streben, den Schmerz los zu sein, der Mensch kann sich entschließen, ihn zu behalten.«
Der Mensch hat also die Fähigkeit des eigenen Entschlusses. Wir bleiben am besten bei solchen Vergleichen zwischen Mensch und Tier, um Schillers Aussage besser zu verstehen. Das Schaf auf der Weide frisst und frisst und kaut und kaut und kann nicht anders. Der Mensch, und verlangte der

Bauch noch so sehr nach einem guten Essen, kann sich disziplliniert verhalten und fasten. Nicht weil er es aus der Not heraus tun muss, sondern weil er es will. Im Gegensatz zum Tier kann er sich freiwillig enthalten und so seine natürlichen Triebe kontrollieren. Juckt es den Hund, weil er einen Floh hat, reibt er sich am Pfahl oder schüttelt sich. Der Mensch mit einem Floh könnte sich sagen: Soll er mich doch stechen, ich entschließe mich, es zu ertragen. Der brautwerbende Hirsch, der die Hirschkuh verfolgt, kann sich seinen Trieben nicht widersetzen, hingegen kann der erregte Mann seinen Willen einsetzen, um sich wieder abzuregen oder seinen Trieben zu widerstehen. Kurz und knapp zusammengefasst: Die Sittlichkeit ist die freiwillige Selbstkontrolle des Geistes über die Natur des Menschen, und das betrifft nicht nur den Verzicht auf Nahrungsaufnahme, Liebesleben oder

Gewaltanwendung, sondern alle Verhaltensweisen. Für Schiller war der Mensch ein Doppelwesen, nämlich zugleich »Sinneswesen« und »Vernunftwesen«. Nur das Vernunftwesen hat den bewussten, zielgerichteten Willen, der zur Freiheit führt.

Schillers weitreichender Begriff von der Freiheit meint also auch die Freiheit der Vernunft, die Unabhängigkeit von der Sinnlichkeit, eine Freiheit, die gleichzeitig die Tugend des Menschen ist.

In diesem Zusammenhang können wir noch kurz auf zwei weitere Begriffe eingehen, die bei Schiller oft erscheinen: auf die »Anmut« und die »Würde« dieses Doppelwesens Mensch, in dem sich Geist und Natur vereinen. Schiller erklärte diese Begriffe mit dem Verhalten des Geistes: Würde meint, dass sich der Geist als »Herrscher« aufführt, um seine Selbständigkeit zu behaupten; Anmut bedeutet, dass der Geist mit »Liberalität« regiert. Würde zeigt sich darin, dass man die Liebe nicht zur Begierde werden lässt. Sie beweist sich mehr im Leiden. Die Anmut ist im Betragen zu erkennen. Sind beide in einer Person vereinigt, ist der Mensch im Wesentlichen vollkommen.

Wir nehmen das so hin, mit Würde wohlgemerkt. Da wir keine Kopfschmerzen erleiden wollen, verzichten wir zunächst mal auf die Philosophie und lassen den Herrn Professor bei der Geschichte …

Schiller hielt jede Woche eine fünfstündige Vorlesung über die verschiedenen Geschichtsepochen; und in einstündigen Veranstaltungen las er über die Kreuzzüge, über römische Geschichte und die Theorie der Tragödie. Er veröffentlichte außerdem einige historische Beiträge, beispielsweise »Die Geschichte des Dreißigjährigen Krieges«. In der wissenschaftlichen Forschung hat diese Abhandlung jedoch keine sehr wichtige Rolle gespielt.

Der ersten Begeisterung über seinen Erfolg folgte natürlich die Ernüchterung. Er hatte viel Arbeit und spürte bald, dass überall nur mit Wasser gekocht wird, auch an den Universitäten, wo intrigiert wurde und jeder auf seinen Vorteil bedacht war. Ihm waren auch die »fatalen Umstände, die von dem Professorleben unzertrennlich sind« zuwider. Außer der Ehre hatte er nur Arbeit und Mühe und hin und wieder spürte er Lust, sein Amt niederzulegen. Die Besoldung wurde ihm verweigert. So musste er den Herzog von Weimar um eine Pension bitten und bekam die gewünschten 200 Taler. Mehr konnte Karl August nicht geben, wie er Schiller in einem persönlichen Gespräch mitteilte. Er unterhielt ja auch schon einen teuren Dichter, seinen ehemaligen Minister Goethe nämlich, der nach seinem Italienaufenthalt nicht mehr Minister sein musste und dennoch Geld erhielt.

Bis zum Januar 1791 konnte Schiller seine Vorlesungen halten, dann erkrankte er so schwer wie nie zuvor und von dieser Krankheit erholte er sich nicht mehr richtig. Zeitweilig ging es ihm so schlecht, dass er zu sterben glaubte, und er ahnte von nun an, dass er kein hohes Alter erreichen würde. Die Krankheit verursachte beträchtliche Kosten und wieder machte sich Schiller Sorgen um die Zukunft. Er war seit dem 22. Februar 1790 verheiratet und auch für seine Frau verantwortlich.

Es stimmt, lieber Leser, Schiller hatte eine Frau. Selbstverständlich wird dieser Ehe im weiteren Verlauf noch ein eige-

nes Kapitel gewidmet. An dieser Stelle hier sei das zweite
Ehejahr unter einem besonderen Gesichtspunkt betrachtet:
Es war eine sorgenreiche Zeit und deshalb muss ich zu-
nächst von Schillers Krankheiten berichten.

Am 3. Januar 1791 wurde er während einer festlichen Veran-
staltung der »Kurfürstlichen Akademie nützlicher Wissenschaften«, deren Mitglied er geworden war, von heftigen Fie-
beranfällen erfasst und musste in einer Sänfte nach Hause
getragen werden. Einige Tage konnte er die Wohnung nicht
verlassen und während vieler Monate hatte er schlimme
Rückfälle einer lebensbedrohlichen Krankheit. Völlig gesund war er schon als Kind und Jugendlicher nicht gewesen
und hatte sich mit Erkältungen, Fieber und Brustschmerzen
abfinden müssen. Auch Kopf- und Zahnschmerzen quälten
ihn oft. In Mannheim litt er wahrscheinlich an der Malaria,
die er mit einer hohen Dosis Chinarinde auskurieren wollte.
Damit schadete er seinem Magen, der auch den starken Kaffee und den Tabak nicht vertrug. Aber beides brauchte Schiller, um sich wach zu halten, wenn er nachts arbeitete. Die
ernsten Auswirkungen der Malaria-Erkrankung machten
sich erst Jahre später bemerkbar.

Die schnelle Erholung im Januar 1791 war nur ein Trug-schluss. Schiller wagte es sogar, bei feuchtkaltem Wetter eine Reise zu machen, und nahm die Vorlesungen wieder auf. Dabei überanstrengte er seine Lunge und bekam eine sehr gefährliche Lungenentzündung mit Hustenanfällen und Atemnot. Wegen der schmerzhaften Magenkrämpfe nahm er tagelang keine Nahrung zu sich. Seine Frau, die sich für we-nige Tage in Weimar aufgehalten hatte, kam zurück, um ihn zu pflegen. Ihre Schwester und ihre Mutter halfen in der schlimmsten Zeit.

Schillers Eintragungen in seinen Notizkalender weisen auf die schwere Erkrankung hin. Er beobachtete als ehemaliger Mediziner seinen Körper immer sehr genau.

Februar 22. Fortdauernder Schmerz auf einer bestimmten Stelle auf meiner Brust.

März 3. Bis auf die Empfindung auf der Brust immer noch sehr wohl.

Mai 8. Ein fürchterlicher krampfhafter Zufall mit Ersti-ckungen, so dass ich nicht anders glaubte, als ob es mein Letztes wäre.

Mai 21. Wieder außer Bette.

Mai 23. Erstmals wieder im Garten.

September 6. Noch immer bleiben die Krampfzufälle nicht ganz aus und der kurze Atem hält immer noch an.

November 19. Mit dem Atem und mit dem Unterleib wills noch gar nicht fort.

Im Juli reiste Schiller mit seiner Frau ins böhmische Karls-bad, aber erst im folgenden Jahr ging es allmählich aufwärts.

Schiller rechnete jedoch mit »mehreren Stürmen in den nächsten Jahren«. Wie hatte seine Frau sich sorgen müssen, wie viele traurige Gedanken darüber, dass er sie vielleicht schon so früh allein lassen musste, hatte er sich gemacht! Er war erst einunddreißig Jahre alt, als er so schwer erkrankte.

Während dieser Krankheit waren viele seiner Freunde sehr besorgt um ihn. Sie hielten anfangs, wie auch seine Studenten, Nachtwache am Krankenbett. Der Herzog schickte sechs Flaschen Madeira zur Stärkung und gewährte Schiller im September einen einmaligen Zuschuss von 250 Talern, eine feste Gehaltserhöhung lehnte er aber ab.

Wegen der Erkrankung in den Jahren 1791/92 stand es um die Finanzen im Schillerschen Haushalt ziemlich schlecht, doch die Glücksfee hatte den armen Mann nicht völlig vergessen. Wieder kam die Hilfe von einem Menschen, der von dem Genie dieses Dichters überzeugt war. Schiller hatte ein Jahr zuvor den dänischen Dichter Jens Baggensen kennen gelernt, der von dem Zusammentreffen und den Gesprächen so beeindruckt war, dass er zu Hause voller Begeisterung von Schiller sprach und auch den dänischen Erbprinzen Friedrich Christian als Leser Schillers gewann. Als der Prinz von Schillers Krankheit, seiner Arbeitsunfähigkeit und seinen finanziellen Sorgen erfuhr, bot er ihm eine Ehrengabe für drei Jahre von jährlich 1000 Talern an. Schiller schrieb ihm und dem Finanzminister einen sehr persönlichen und auch die Geber würdigenden Brief:

(...) Zu einer Zeit, wo die Überreste einer angreifenden Krankheit meine Seele umwölkten und mich mit einer finstern, traurigen Zukunft schreckten, reichen Sie mir wie zwei schützende Genien die Hand aus den Wolken. Das großmütige Anerbieten, das Sie mir tun, erfüllt, ja übertrifft meine kühnsten Wünsche. Die Art, mit der Sie es tun, befreit mich von der Furcht, mich Ihrer Güte unwert zu zeigen, indem ich diesen Beweis davon annehme. Erröten müsste ich, wenn ich bei einem solchen Anerbieten an etwas anders denken könnte als an die schöne Humanität, aus der es entspringt, und auch die moralische Absicht, zu der es dienen soll. (…)

Vom Sommer 1793 an beginnt er, dem Prinzen kunstphilosophische Briefe »Über die ästhetische Erziehung des Menschen« zu schreiben. Ein Auszug aus dem dritten Brief kann uns seine Grundideen noch einmal veranschaulichen:

Die Natur fängt mit dem Menschen nicht besser an als mit ihren übrigen Werken: sie handelt für ihn, wo er als freie Intelligenz noch nicht selbst handeln kann. Aber eben das macht ihn zum Menschen, dass er bei dem nicht stillesteht, was die bloße Natur aus ihm machte, sondern die Fähigkeit besitzt, die Schritte, welche jene mit ihm antizipierte, durch Vernunft wieder rückwärts zu tun, das Werk der Not in ein Werk seiner freien Wahl umzuschaffen und die physische Notwendigkeit zu einer moralischen zu erheben.
Er kommt zu sich aus seinem sinnlichen Schlummer, erkennt sich als Mensch, blickt sich umher und findet sich – in dem Staate. Der Zwang der Bedürfnisse warf ihn hinein, ehe er sich in seiner Freiheit diesen Stand wählen konnte; die Not richtete denselben nach bloßen Naturgesetzen ein, ehe *er* es nach Vernunftgesetzen konnte. Aber mit diesem

Notstaat, der nur aus seiner Naturbestimmung hervorge-
gangen und auch nur auf diese berechnet war, konnte und
kann er als moralische Person nicht zufrieden sein – und
schlimm für ihn, wenn er es könnte! Er verlässt also, mit
demselben Rechte, womit er Mensch ist, die Herrschaft
einer blinden Notwendigkeit, wie er in so vielen anderen
Stücken durch seine Freiheit von ihr scheidet, wie er, um
nur *ein* Beispiel zu geben, den gemeinen Charakter, den
das Bedürfnis der Geschlechtsliebe aufdrückte, durch Sittlichkeit auslöscht und durch Schönheit veredelt.

Hier meinte der Verfasser mit »Schönheit« wohl sein ästheti-
sches Ideal der harmonischen Einheit von Sinnlichkeit und
Sittlichkeit, von Anmut und Würde. Über den allgemeinen
Begriff der Schönheit philosophierte Schiller in vielen
Schriften. Das mag uns verwundern. Ist schön nicht das, was
nicht schäbig ist? Leider ist es nicht so einfach und war es
besonders für Schiller und andere Dichter und Denker nicht.
Nun könnten wir vermuten, er habe die Ansicht vertreten,
Schönheit sei das, was jeder Mensch für sich als schön emp-
finde, also etwas Subjektives, sozusagen Geschmacksache.
Wir erinnern uns an seinen Brief an den Bibliothekar Rein-
wald, in dem er die Liebe und andere Empfindungen als
Illusionen, als Geburten unsrer Phantasie bezeichnete.
Denkt er sich die Schönheit der Dinge und Lebewesen, die
Schönheit der Kunst und Natur durch unseren Geschmack
oder gar durch unsere Phantasie bestimmt, ohne eigene Ge-
setzmäßigkeit? In einem Brief an den Freund Körner no-
tierte er im Dezember 1792 allerdings Gedanken, die uns
von diesen Vermutungen wegführen müssen. Er glaubte, so

schrieb er, den objektiven Begriff des Schönen gefunden zu haben, der sich auch zu einem objektiven Grundsatz des Geschmacks qualifiziere.

Angeregt durch Kant, führte er im Jahr 1793 einen aufschlussreichen Briefwechsel mit Körner über den Begriff der Schönheit. Er vertrat darin allerdings eine andere Auffassung als der von ihm geschätzte Königsberger Philosoph, denn er bestimmte die Schönheit objektiv. Das heißt, dass die Form des Schönen, des Ästhetischen autonom, also unabhängig ist.

Der Schlusssatz des Briefes vom 8. Februar 1793 lautet: »Schönheit also ist nichts anderes als die Freiheit in der Erscheinung.«

Nun besteht jedes Objekt aus seiner Form und seinem Stoff, und auch die Ausgewogenheit von beidem beschäftigte Schiller, der wusste, dass sich die Freiheit der Schönheit in den Fesseln der Form befinden kann. Er fand anschauliche Vergleiche aus dem Tierreich, mit denen wir dieses Thema nun abschließen wollen. Das Thema der Ästhetik griff Schiller immer wieder auf, uns soll hier eine kurze Deutung der »Freiheit in der Erscheinung« genügen.

Wenn man einen flüchtigen Blick durch das Tierreich wirft, so findet man, dass die Schönheit der Tiere in demselben Verhältnis abnimmt, als sie sich der Masse nähern und bloß der Schwerkraft zu dienen scheinen. Die Natur eines Tiers (in der ästhetischen Bedeutung dieses Worts) äußert sich entweder in seinen Bewegungen oder in seinen Formen und beide werden eingeschränkt durch die Masse. Hat die Masse Einfluss gehabt auf die Form, so nennen wir diese plump; hat die Masse Einfluss gehabt auf die Bewegung, so heißt diese unbehülflich. (…)
Unter den Tiergattungen ist das Vögelgeschlecht der beste Beleg meines Satzes. Ein Vogel im Flug ist die glücklichste Darstellung des durch die Form bezwungenen Stoffs, der durch die Kraft überwundenen Schwere. Es ist nicht unwichtig, zu bemerken, dass die Fähigkeit, über die Schwere zu siegen, oft zum Symbol der Freiheit gebraucht wird. (…)
Ich widerstehe der Versuchung, dir an der menschlichen Schönheit die Wahrheit meiner Behauptungen noch anschaulicher zu machen; dieser Materie gebührt ein eigener Brief. (…)

Einige Monate, bevor Schiller diese philosophischen Briefe an Körner schrieb, hatte er erstmals wieder seine Vorlesungen halten können. Er behandelte keine historischen Themen mehr, sondern Fragen der Ästhetik. Seine Auseinandersetzung mit Kant wurde intensiver. Er schrieb in den folgenden Jahren außer den Dankbriefen auch die Schriften »Über Anmut und Würde«; »Über das Erhabene« und »Über naive und sentimentalische Dichtung«.

Sein Geschichtsbild wandelte sich mit den Ereignissen der Französischen Revolution, zu der er sich nie positiv äußerte. Indirekt ging er beispielsweise in dem Gedicht »Die Glocke« darauf ein, in dem er von Würgerbanden sprach und von Weibern, die zu Hyänen werden. Im Aufruhr der Massen wegen der Forderung nach Freiheit und Gleichheit lag für ihn kein höherer Sinn, keine Moral, es zeigten sich nur die rohen Triebe der bloßen Natur. Nicht zur Veredelung, sondern zur Enthemmung führten solche Entwicklungen. Dass die französischen Bürger ihm, dem deutschen Freiheitsdichter, den Ehrenbürgerbrief verliehen, nahm er amüsiert zur

Kenntnis. Vielleicht war er trotz allem auch ein bisschen stolz darauf. Im Adresskalender des Weimarer Hofes stand im Jahr 1803 hinter seinem Namen: »Bürger von Frankreich«. Allerdings hatten die Franzosen sie einem Monsieur Gille verliehen und wegen dieses Irrtums erhielt er die Urkunde erst mit einigen Jahren Verspätung.

»Geschichte des Dreißigjährigen Krieges«

*Eine Persönlichkeit aus der Vergangenheit interessierte glei-
chermaßen den Historiker und den Dramatiker Schiller. Es
war der Feldherr Wallenstein, der im Dreißigjährigen Krieg
eine bedeutende Rolle gespielt hatte. Eine Kurzbiographie
dieses Mannes soll einige Zusammenhänge verdeutlichen.
Die ganze Geschichte dieser langen Kriegszeit kann hier jedoch nicht wiedergegeben werden.*

*Wallenstein, der eigentlich von Waldstein hieß, wurde 1583
in Hermanice bei Arnau an der Elbe geboren. Seine Laufbahn war außergewöhnlich. Im Jahr 1604 trat er als einfacher böhmischer Edelmann in die Dienste des Kaisers Ferdinand II. ein, nachdem er aus kluger Berechnung seiner
Karriere zum Katholizismus übergetreten war. Zu Beginn
des Dreißigjährigen Krieges wurde er Kaiserlicher Oberst
und erhielt vier Jahre später in Böhmen das militärische
Oberkommando. Er war zweimal verheiratet. Durch die erste Ehe gewann er Besitz und durch die zweite gesellschaft-
liches Ansehen. Da er genug finanzielle Mittel hatte und
obendrein von den besetzten Gebieten den Aufwand für das
Heer und die Rückzahlung seiner eigenen Kosten verlangte,
wurde er Kriegsunternehmer. Er konnte für den Kaiser ein
Heer zusammenstellen, dessen Oberbefehlshaber er wurde.
1623 wurde er in den Fürstenstand erhoben und 1625 erhielt
er den Titel Herzog von Friedland. Auf dem Fürstentag zu
Regensburg im Jahr 1630 entließ der Kaiser Wallenstein,
aber schon zwei Jahre später führte der Herzog wieder das
Oberkommando des kaiserlichen Heeres. Im Januar 1634*

vereidigte Wallenstein, der für den Kaiser Krieg gegen die Schweden führte, die Befehlshaber seines Heeres auf seine Person und verhandelte gleichzeitig mit den Sachsen und Schweden über die friedliche Beilegung des Krieges. Man machte ihm den Vorwurf, ein Hochverräter zu sein. Er floh schließlich nach Pilsen und Eger, wo er am 25. Februar 1634 ermordet wurde.

Die Leidenszeit Deutschlands während des Dreißigjährigen Krieges von 1618 bis 1648 beschäftigte Schiller, seitdem er sich überhaupt mit der Geschichte befasste. In seiner Schrift über diesen Krieg gestaltete er dasselbe Thema wie in seinem Wallenstein-Drama, wenn auch mit anderen Schwerpunkten. Bei der historischen Abhandlung »Geschichte des Dreißigjährigen Krieges« war es seine Absicht, aus der Fülle der bekannten Kriegsereignisse, von denen die alten Chroniken und Geschichtsbücher berichteten, die Handlungen und Beweggründe einzelner Menschen herauszugreifen. Diese allein waren seiner Ansicht nach wichtig und bestimmend für die historische Entwicklung, unter der er die sittliche Entwicklung des Menschen beziehungsweise seine Kultivierung verstand. Schon in seiner Antrittsvorlesung hatte er diese Ideen erklärt. So bewertete er die historischen Gestalten unter moralischen Gesichtspunken, beispielsweise den Schwedenkönig Gustav Adolf und Wallenstein, den Herzog von Friedland. Schiller deutete den ehrgeizigen und rachsüchtigen Charakter Wallensteins als Ursache für den Verrat am Kaiser Ferdinand II.: »Erloschen war alles in seiner Erinnerung, was er durch den Kaiser geworden war, nur was er für den Kaiser getan hatte, stand mit glühenden Zügen in sein Gedächtnis geschrieben.«

Im Gegensatz zu Wallenstein wird der Schwedenkönig Gustav Adolf als ein Mann mit edleren Charakterzügen geschildert: »*Eine ungekünstelte Gottesfurcht erhöhte den Mut, der sein großes Herz beseelte. Gleich frei von dem rohen Unglauben, der den wilden Begierden des Barbaren ihren notwendigen Zügel nimmt.*«

Es war Schillers Anliegen, seine geschichtsphilosophischen Ideen auch in dieser Schrift auszudrücken und dennoch dem verräterischen Feldherrn Wallenstein Gerechtigkeit widerfahren zu lassen, indem er den Leser darauf hinweist, dass Dokumente, die Wallensteins Handeln zuverlässig erklären könnten, noch nicht gefunden worden seien: »*Zwar zeugt sein Betragen gegen den Kurfürsten von Bayern von einer unedlen Rachsucht und einem unversöhnlichen Geiste, aber keine seiner Taten berechtigt uns, ihn der Verräterei für überwiesen zu halten. Wenn endlich Not und Verzweiflung ihn antreiben, das Urteil wirklich zu verdienen, das gegen den Unschuldigen gefällt war, so kann dieses dem Urteil selbst nicht zur Rechtfertigung gereichen; so fiel Wallenstein, nicht weil er Rebell war, sondern er rebellierte, weil er fiel. Ein Unglück für den Lebenden, der eine siegende Partei sich zum Feinde gemacht hatte – ein Unglück für den Toten, dass dieser Feind ihn überlebte und seine Geschichte schrieb.*«

So lauten die letzten Sätze des vierten Buches, aus dem auch die folgenden Auszüge stammen. Aber keine Angst, es ist nicht so schwer zu verstehen wie die kunstphilosophischen Abhandlungen. Schiller bemühte sich, wie er seinem Verleger Göschen schrieb, um Lesbarkeit. Und es gelang ihm. Deshalb dürfen wir Leser, vor allem wir Leserinnen, uns nichts darauf einbilden, dass uns diese Lektüre leicht fällt. Der Mann wollte es so:

Jena, 26. Juli 1790

Lassen Sie sich nicht bange sein, liebster Freund, wie wir mit der Bogenzahl auskommen werden. Sobald ich den Plan zu meiner »Geschichte des 30-jährigen Kriegs« überdachte, sah ich ein, dass es etwas platterdings Unmögliches sein würde, diese Geschichte in 20 oder 22 Bogen zu bringen. Ja, für Gelehrte wohl in 10 Bogen, aber für unser weibliches Publikum, dem man erst so viele Notizen aus der Reichsgeschichte und Statistik Deutschlands beizubringen hat, wäre dies eine gänzliche Unmöglichkeit gewesen. (...) Denn was würden sich unsre Damen bei dem Wort »deutsche Freiheit«, »Religionsfriede«, »Restitutionsedikt« etc. denken, wenn man sie nicht vorher in die Verfassung des Deutschen Reiches hineingeführt hätte?

Wo er Recht hat, hat er Recht, möchte man da sagen. Schade nur, dass er sich nicht öfter um lesbarere Schriften in einem schlichten Stil bemühte. Diese Abhandlung gehört leider zu den Ausnahmen.

Unter allen Provinzen Österreichs war Schlesien der größten Gefahr ausgesetzt. Drei verschiedene Armeen, eine schwedische unter dem Grafen von Thurn, eine sächsische unter Arnheim und dem Herzog von Lauenburg und eine brandenburgische unter Burgsdorf, hatten diese Provinz zu gleicher Zeit mit Krieg überzogen. Schon hatten sie die wichtigsten Plätze im Besitz und selbst Breslau hatte die

Partei der Alliierten ergriffen. Aber gerade diese Menge von Generalen und Armeen rettete dem Kaiser dieses Land; denn die Eifersucht der Generale und der gegenseitige Hass der Schweden und Sachsen ließ sie nie mit Einstimmigkeit verfahren. Arnheim und Thurn zankten sich um die Oberstelle; die Brandenburger und Sachsen hielten eifrig gegen die Schweden zusammen, die sie als überlästige Fremdlinge ansahen und, wo es nur immer tunlich war, zu verkürzen suchten. Hingegen lebten die Sachsen mit den Kaiserlichen auf einem viel vertraulichern Fuß, und oft geschah es, dass die Offiziere beider feindlichen Armeen einander Besuche abstatteten und Gemähler gaben. Man ließ die Kaiserlichen ungehindert ihre Güter fortschaffen, und viele verhehlten es gar nicht, dass sie von Wien große Summen gezogen. Unter so zweideutig gesinnten Alliierten sahen sich die Schweden verkauft und verraten und an große Unternehmungen war bei einem so schlechten Verständnis nicht zu denken. Auch war der General von Arnheim den größten Teil der Zeit abwesend, und als er endlich wieder bei der Armee anlangte, näherte sich Wallenstein schon mit seiner furchtbaren Kriegsmacht den Grenzen.

Vierzigtausend Mann stark rückte er ein und nicht mehr als vierundzwanzigtausend hatten ihm die Alliierten entgegenzusetzen. Nichtsdestoweniger wollten sie eine Schlacht versuchen und erschienen bei Münsterberg, wo er ein verschanztes Lager bezogen hatte. Aber Wallenstein ließ sie acht Tage lang hier stehen, ohne nur die geringste Bewegung zu machen; dann verließ er seine Verschanzungen und zog mit ruhigem, stolzen Schritt an ihrem Lager vorüber. Auch nachdem er aufgebrochen war und die mutiger gewordenen Feinde ihm beständig zur Seite blieben, ließ er die Gelegenheit unbenutzt. Die Sorgfalt, mit der er die Schlacht vermied, wurde als Furcht ausgelegt; aber einen solchen Verdacht durfte Wallenstein auf seinen verjährten Feldherrnruhm wagen. Die Eitelkeit der Alliierten ließ sie nicht bemerken, dass er sein Spiel mit ihnen trieb und dass er ihnen die Niederlage großmütig schenkte, weil ihm – mit einem Sieg über sie für jetzt nicht gedient war. Um ihnen jedoch zu zeigen, dass *er* der Herr sei und dass nicht die Furcht vor ihrer Macht ihn in Untätigkeit erhalten, ließ er den Kommandanten eines Schlosses, das in seine Hände fiel, niederstoßen, weil er einen unhaltbaren Platz nicht gleich übergeben hatte.

Neun Tage lang standen beide Armeen einander einen Musketenschuss weit im Gesichte, als der Graf Terzky aus dem Wallensteinischen Heere mit einem Trompeter vor dem Lager der Alliierten erschien, den General von Arnheim zu einer Konferenz einzuladen. Der Inhalt derselben war, dass Wallenstein, der doch an Macht der überlegene Teil war, einen Waffenstillstand von sechs Wochen in Vorschlag brachte. Er sei gekommen, sagte er, mit Schweden und den Reichsfürsten einen ewigen Frieden zu schließen, die Soldaten zu bezahlen und jedem Genugtuung zu verschaffen. Alles dies stehe in seiner Hand, und wenn man in Wien Anstand nehmen sollte, es zu bestätigen, so wolle *er* sich mit den Alliierten vereinigen und (was er Arnheimern zwar nur ins Ohr flüsterte) den Kaiser zum Teufel jagen. Bei einer zweiten Zusammenkunft ließ er sich gegen den Grafen von Thurn noch deutlicher heraus. Alle Privilegien, erklärte er, sollten aufs Neue bestätigt, alle böhmischen Exulanten zurückberufen und in ihre Güter wieder eingesetzt werden, und er selbst wolle der Erste sein, seinen Anteil an denselben herauszugeben. Die Jesuiten, als die Urheber aller bisherigen Unterdrückungen, sollten verjagt, die Krone Schweden durch Zahlungen auf bestimmte Termine abgefunden, alles überflüssige Kriegsvolk von beiden Teilen gegen die Türken geführt werden. Der letzte Punkt enthielt den Aufschluss des ganzen Rätsels. Wenn *er* die böhmische Krone davontrüge, so sollten alle Vertriebenen sich seiner Großmut zu rühmen haben, eine vollkommene Freiheit der Religionen sollte dann in dem Königreich herrschen, das pfälzische Haus in alle seine vorigen Rechte zurücktreten und die Markgrafschaft Mähren ihm für Mecklenburg zur Entschädigung dienen. Die alliierten Armeen zögen dann unter seiner Aufführung nach Wien, dem Kaiser die Genehmigung dieses Traktats mit gewaffneter Hand abzunötigen.

Jetzt also war die Decke von dem Plan weggezogen, worüber er schon jahrelang in geheimnisvoller Stille gebrütet hatte. Auch lehrten alle Umstände, dass zur Vollstreckung derselben keine Zeit zu verlieren sei. Nur das blinde Vertrauen zu dem Kriegsglück und dem überlegenen Genie des Herzogs von Friedland hatte dem Kaiser die Festigkeit eingeflößt, allen Vorstellungen Bayerns und Spaniens entgegen und auf Kosten seines eigenen Ansehens diesem gebieterischen Mann ein so uneingeschränktes Kommando zu übergeben. Aber dieser Glaube an die Unüberwindlichkeit Wallensteins war durch seine lange Untätigkeit längst erschüttert worden und nach dem verunglückten Treffen bei

Lützen beinahe gänzlich gefallen. Aufs Neue erwachten jetzt seine Gegner an Ferdinands Hofe und die Unzufriedenheit des Kaisers über den Fehlschlag seiner Hoffnungen verschaffte ihren Vorstellungen den gewünschten Eingang bei diesem Monarchen. (…)

Indem der Herzog von Eger aus die Unterhandlungen mit dem Feinde lebhaft betrieb, die Sterne befragte und frischen Hoffnungen Raum gab, wurde beinahe unter seinen Augen der Dolch geschliffen, der seinem Leben ein Ende machte. Der kaiserliche Urteilsspruch, der ihn für vogelfrei erklärte, hatte seine Wirkung nicht verfehlt, und die rächende Nemesis wollte, dass der *Undankbare* unter den Streichen des *Undanks* erliegen sollte. Unter seinen Offizieren hatte Wallenstein einen Irländer namens Lessley mit vorzüglicher Gunst beehrt und das ganze Glück dieses Mannes gegründet. Eben dieser war es, der sich bestimmt und berufen fühlte, das Todesurteil an ihm zu vollstrecken und den blutigen Lohn zu verdienen. (…)

Wallenstein war durch den Knall, den eine losgehende Flinte erregte, aus dem ersten Schlaf aufgepocht worden und ans Fenster gesprungen, um der Wache zu rufen. In diesem Augenblick hörte er aus den Fenstern des anstoßenden Gebäudes das Heulen und Wehklagen der Gräfinnen Terzky und Kinsky, die soeben von dem gewaltsamen Tod ihrer Männer benachrichtigt wurden. Ehe er Zeit hatte, diesem schrecklichen Vorfalle nachzudenken, stand Deveroux mit seinen Mordgehilfen im Zimmer. Er war noch im bloßen Hemde, wie er aus dem Bett gesprungen war, zunächst an dem Fenster an einen Tisch gelehnt. »Bist *du* der Schelm«, schreit Deveroux ihn an, »der des Kaisers Volk zu dem Feind überführen und Seiner Majestät die Krone vom Haupte herunterreißen will? Jetzt musst du sterben.« Er hält einige Augenblicke inne, als ob er eine Antwort erwartete; aber Überraschung und Trotz verschließen Wallensteins Mund. Die Arme weit auseinander breitend, empfängt er vorn in der Brust den tödlichen Stoß der Partisane und fällt dahin in seinem Blut, ohne einen Laut auszustoßen.

So viel zu Wallenstein, wie Schiller ihn uns in seiner Abhandlung über den Dreißigjährigen Krieg vorstellt. Wenden wir uns nun dem »Wallenstein«-Drama zu, das eigentlich aus drei einzelnen, aber zusammengehörigen Stücken besteht. Um ein bisschen Werbung für das große Werk zu machen, wähle ich den Slogan:

AUF DEN WALLENSTEIN
DÜRFEN SIE SICH FREUEN

Das ist ein kurzer, aussagekräftiger Spruch, der den künftigen Theaterbesucher oder Leser direkt anspricht. Ich gestehe, dass ich ihn entliehen habe, bei Friedrich Schiller persönlich. In einem Brief an seinen Verleger Cotta zu Beginn des Jahres 1798 hatte er diesen Satz noch um einen Nebensatz erweitert: »Es ist mir in meinem Leben nichts so gut gelungen.«
Das große Werk mit den drei Teilen »Wallensteins Lager«, »Die Piccolomini« und »Wallensteins Tod« floss dem Dichter nicht leicht und schnell aus der Feder. Was er sich mit diesem Stoff zugemutet hatte, wusste er von Anfang an und er

arbeitete acht Jahre daran. Schon im Januar 1791, kurz nach dem Ausbruch der schweren Erkrankung, erwähnte er dieses Thema in einem Brief an Körner. Er konnte dem Freund aber erst drei Jahre später mitteilen, dass er nun wirklich mit der Arbeit beginnen wolle. Der Historiker musste wieder zum Dichter werden, schwer genug war das. Die Eintragungen in seinen Kalender bezeugen seine Anstrengungen und Mühen.

Am 28. November 1796 hieß es: »Mit dem Wallenstein geht es zwar jetzt noch sehr langsam, weil ich noch immer das meiste mit dem rohen Stoff zu tun habe, der noch nicht ganz beisammen ist, aber ich fühle mich ihm noch immer gewachsen.« Am 23. Januar 1797 notierte er: »An dem Wallenstein wird fortgearbeitet, es geht aber dennoch langsam, denn des Stoffes ist gar zu viel.«

Zufrieden konnte er am 17. März 1799 vermerken, dass er »Wallensteins Tod«, den dritten und letzten Teil des Dramas, beendet habe. Er schickte Goethe, der ihm all die Jahre immer wieder neuen Mut machte, noch am selben Tag das Manuskript. Goethe schrieb nach der Uraufführung in einem Brief: »WALLENSTEIN hat zuletzt alle Stimmen vereinigt, indem er aus den vorbereitenden Kelchblättern wie eine Wunderblume unversehens hervorstieg und alle Erwartungen übertraf.«

Die folgende Szene aus »Wallensteins Tod« kann den Text aus der Schrift über den Dreißigjährigen Krieg ergänzen.

ERSTER AUFZUG – Vierter Auftritt

WALLENSTEIN (*mit sich selbst redend*)
Wärs möglich? Könnt ich nicht mehr, wie ich wollte?
Nicht mehr zurück, wie mirs beliebt? Ich müsste
Die Tat *vollbringen,* weil ich sie *gedacht,*
Nicht die Versuchung von mir wies – das Herz
Genährt mit diesem Traum, auf ungewisse
Erfüllung hin die Mittel mir gespart.
Die Wege bloß mir offen hab gehalten? –
Beim großen Gott des Himmels! Es war nicht
Mein Ernst, beschlossne Sache war es nie.
In dem Gedanken bloß gefiel ich mir;
Die Freiheit reizte mich und das Vermögen.
Wars unrecht, an dem Gaukelbild mich
Der königlichen Hoffnung zu ergötzen?
Blieb in der Brust mir nicht der Wille frei,
Und sah ich nicht den guten Weg zur Seite,
Der mir die Rückkehr offen stets bewahrte?
Wohin denn seh ich plötzlich mich geführt?

Bahnlos liegts hinter mir, und eine Mauer
Aus meinen eignen Werken baut sich auf,
Die mir die Umkehr türmend hemmt! –
(*Er bleibt tiefsinnig stehen.*)
Strafbar erschein ich, und ich kann die Schuld,
Wie ichs versuchen mag! nicht von mir wälzen;
Denn mich verklagt der Doppelsinn des Lebens,
Und – selbst der frommen Quelle reine Tat
Wird der Verdacht, schlimmdeutend, mir vergiften.
War ich, wofür ich gelte, der Verräter,
Ich hätte mir den guten Schein gespart,
Die Hülle hätt ich dicht um mich gezogen,
Dem Unmut Stimme nie geliehn. Der Unschuld,
Des unverführten Willens mir bewusst,
Gab ich der Laune Raum, der Leidenschaft –
Kühn war das Wort, weil es die Tat nicht war.
Jetzt werden sie, was planlos ist geschehn,
Weitsehend, planvoll mir zusammenknüpfen,
Und was der Zorn, und was der frohe Mut
Mich sprechen ließ im Überfluss des Herzens,
Zu künstlichem Gewebe mir vereinen,
Und eine Klage furchtbar draus bereiten,
Dagegen ich verstummen muss. So hab ich
Mit eignem Netz verderblich mich umstrickt,
Und nur Gewalttat kann es reißend lösen.
(*Wiederum still stehend*)
Wie anders! da des Mutes freier Trieb
Zur kühnen Tat mich zog, die rau gebietend
Die Not jetzt, die Erhaltung von mir heischt.
Ernst ist der Anblick der Notwendigkeit.

Nicht ohne Schauder greift des Menschen Hand
In des Geschicks geheimnisvolle Urne.
In meiner Brust war meine Tat noch mein:
Einmal entlassen aus dem sichern Winkel
Des Herzens, ihrem mütterlichen Boden,
Hinausgegeben in des Lebens Fremde,
Gehört sie jenen tückschen Mächten an,
Die keines Menschen Kunst vertraulich macht.
(*Er macht heftige Schritte durchs Zimmer, dann bleibt er
wieder sinnend stehen.*)
Und was ist dein Beginnen? Hast du dirs
Auch redlich selbst bekannt? Du willst die Macht,
Die ruhig, sicher thronende erschüttern,
Die in verjährt geheiligtem Besitz,
In der Gewohnheit festgegründet ruht,
Die an der Völker frommen Kinderglauben
Mit tausend zähen Wurzeln sich befestigt.
Das wird kein Kampf der Kraft sein mit der Kraft,
Den fürcht ich nicht. Mit jedem Gegner wag ichs,
Den ich kann sehen und ins Auge fassen,
Der, selbst voll Mut, auch mir den Mut entflammt.
Ein unsichtbarer Feind ists, den ich fürchte,
Der in der Menschen Brust mir widersteht,
Durch feige Furcht allein mir fürchterlich –
Nicht was lebendig, kraftvoll sich verkündigt,
Ist das gefährlich Furchtbare. Das ganz
Gemeine ists, das ewig Gestrige,
Was immer war und immer wiederkehrt,
Und morgen gilt, weils heute hat gegolten!
Denn aus Gemeinheit ist der Mensch gemacht,

133

Und die Gewohnheit nennt er seine Amme.
Weh dem, der an den würdig alten Hausrat
Ihm rührt, das teure Erbstück seiner Ahnen!
Das *Jahr* übt eine heiligende Kraft,
Was grau für Alter ist, das ist ihm göttlich.
Sei im Besitz und du wohnst im Recht
Und heilig wirds die Menge dir bewahren.
(*Zu dem Pagen, der hereintritt*)
Der schwedsche Oberst? Ist ers? Nun, er komme.
(*Page geht. Wallenstein hat den Blick nachdenklich auf die Tür geheftet.*)
Noch ist sie rein – noch. Das Verbrechen kam
Nicht über diese Schwelle noch – So schmal ist
Die Grenze, die zwei Lebenspfade scheidet.

Dieser großartige Monolog Wallensteins zeigt ihn als einen resignierenden, melancholischen Menschen, der Zuversicht und Selbstvertrauen verloren hat. Er ahnt oder weiß, dass er es nicht mehr mit mutig kämpfenden Gegnern zu tun hat, sondern mit Intriganten und feigen Verrätern. Wallenstein hatte Schillers Sympathie. Man spürt etwas von der »enthusiastischen Freundschaft« des Dichters zu seiner Figur, die er in dem bekannten Brief an den Bibliothekar Reinwald beschrieben hat.

Ein strenges Urteil

Mit dem dreiteiligen »Wallenstein«-Drama und mit der Gestalt des berühmten Feldherrn aus dem Dreißigjährigen Krieg hat Schiller, wie wir gesehen haben, es sich nicht leicht gemacht. Er stellte jedoch nicht nur an sich, sondern auch an andere Dichter und an seine Leser hohe Ansprüche. Der Erfolg seines in Fortsetzungen erschienenen Romans »Der Geisterseher« machte ihn eher ärgerlich als froh. Er hatte diesen Roman zwar für den Volksgeschmack und natürlich auch des Geldes wegen geschrieben, aber er mochte dann kaum daran weiterarbeiten und ließ es schließlich sein. Abgesehen von den philosophischen Ideen, die er darin auch ausdrücken wollte, reizte ihn die Arbeit nicht mehr. So blieb das Werk ein Fragment. Seine Äußerungen über die Leser, die sich für die einzelnen Fortsetzungen in der Zeitschrift »Thalia« (ab 1787) interessierten, waren nicht schmeichelhaft. Auch später, als er gemeinsam mit Goethe die »Xenien« formulierte, die man teilweise als überhebliche Spruchweisheiten empfinden muss, zeigt sich seine Distanz zum Bürger mit dem seichten Geschmack. Da heißt es etwa:

Unsre Poeten sind seicht, doch das Unglück ließ' sich vertuschen,
    Hätten die Kritiker nicht, ach! so entsetzlich viel Geist. /

Wo ich den deutschen *Körper* zu suchen habe, das weiß ich,
    Aber den deutschen *Geist,* sagt mir, wo findet man den? /

Wozu nützt denn die ganze Erdichtung? Ich will es dir
sagen,
Leser, sagst du mir erst, wozu die Wirklichkeit nützt. /

Enthusiasmus suchst du bei deutschen Lesern? Du Armer,
Glücklich, könntest du auch rechnen auf Höflichkeit nur.

*Im Dezember 1790 schrieb Schiller eine Kritik über die Ge-
dichte eines anderen deutschen Dichters, der sich gewiss mit
ihm nicht messen konnte, aber annehmbare Gedichte und
Balladen verfasste. Er hieß Gottfried August Bürger und wir
kennen ihn als Herausgeber der Münchhausen-Geschichten.
Der wahre Baron von Münchhausen, der nicht als Lügner,
sondern nur als Erzähler phantastischer Geschichten gelten
wollte, verübelte Bürger dieses Buch übrigens und litt unter
dem »Titel« Lügner. Dieser Bürger, der Schiller sehr verehrte, war seinerseits getroffen und verletzt über dessen allzu
strenge Kritik. Schiller schrieb die Rezension zu einer Zeit,
in der er sich mit seinen Jugendwerken kritisch auseinander
setzte und grundlegend seine Kunstanschauung überdachte
und seine Ideen entwickelte. Das rechtfertigte die herbe Ab-
lehnung der Gedichte eines Mannes, der ihn verehrte, nicht
unbedingt, zumal er selbst in Zukunft noch einiges schreiben
sollte, was bei aller Erhabenheit seiner Sprache oder gerade
deswegen nahe an der Grenze des Unerträglichen ist.*

(...) Vom Ästhetischen gilt eben das, was vom Sittlichen;
wie es hier der moralisch vortreffliche Charakter eines
Menschen allein ist, der einer seiner einzelnen Handlungen
den Stempel moralischer Güte aufdrücken kann; so ist es

dort nur der reife, der vollkommene Geist, von dem das Reife, das Vollkommene ausfließt. Kein noch so großes Talent kann dem einzelnen Kunstwerk verleihen, was dem Schöpfer desselben gebricht, und die Mängel, die aus dieser Quelle entspringen, kann selbst die Feile nicht wegnehmen. Wir würden nicht wenig verlegen sein, wenn uns auferlegt würde, diesen Maßstab in der Hand, den gegenwärtigen deutschen Musenberg zu durchwandern. (…) Jetzt schränken wir uns darauf ein, von dem bisher Gesagten die Anwendung auf Hn. *Bürger* zu machen.

Aber darf wohl diesem Maßstab auch ein Dichter unterworfen werden, der sich ausdrücklich als »Volkssänger« ankündigt und *Popularität* zu seinem höchsten Gesetz macht? Wir sind weit entfernt, Hn. B. mit dem schwankenden Wort »Volk« schikanieren zu wollen; vielleicht bedarf es nur weniger Worte, um uns mit ihm darüber zu verständigen. Ein Volksdichter in jenem Sinn, wie es Homer *seinem* Weltalter oder die Troubadours dem ihrigen waren, dürfte in unseren Tagen vergeblich gesucht werden. Unsere Welt ist die homerische nicht mehr, wo alle Glieder der Gesellschaft im Empfinden und Meinen ungefähr *dieselbe* Stufe einnahmen, sich also leicht in derselben Schilderung erkennen, in denselben Gefühlen begegnen konnten. Jetzt ist zwischen der *Auswahl* einer Nation und der *Masse* derselben ein sehr großer Abstand sichtbar, wovon die Ursache zum Teil schon darin liegt, dass Aufklärung der Begriffe und sittliche Veredlung ein zusammenhängendes Ganzes ausmachen, mit dessen Bruchstücken nichts gewonnen wird. (…) Ein Volksdichter für unsre Zeiten hätte also bloß zwischen dem *Allerleichtesten* und dem *Allerschwersten* die Wahl; entweder sich ausschließlich der Fassungskraft des großen Haufens zu bequemen und auf den Beifall der gebildeten Klasse Verzicht zu tun – oder den ungeheuren Abstand, der zwischen beiden sich befindet, durch die Größe seiner Kunst aufzuheben und beide Zwecke vereinigt zu verfolgen. Es fehlt uns nicht an Dichtern, die in der ersten Gattung glücklich gewesen sind und sich bei *ihrem* Publikum Dank verdient haben; aber nimmermehr kann ein Dichter von Hn. Bürgers Genie die Kunst und sein Talent so tief herabgesetzt haben, um nach einem so gemeinen Ziele zu streben. (...)

Und hier müssen wir gestehen, dass uns die Bürgerischen Gedichte noch sehr viel zu wünschen übrig gelassen haben, dass wir in dem größten Teil derselben den milden, sich immer gleichen, immer hellen, männlichen Geist vermissen, der, eingeweiht in die Mysterien des Schönen, Edeln und Wahren, zu dem Volke bildend herniedersteigt, aber auch in der vertrautesten Gemeinschaft mit demselben nie seine himmlische Abkunft verleugnet. Herr B. *vermischt* sich nicht selten mit dem Volk, zu dem er sich nur herablassen sollte, und anstatt es scherzend und spielend zu sich heraufzuziehen, gefällt es ihm oft, sich ihm gleich zu machen. (...)

Das kann man von Schiller wirklich nicht behaupten, dass er sich zu uns herabließe. Aber leider kann er uns auch nicht zu sich heraufziehen, wir sind doch da oben ganz verloren. Er beklagte den Verlust der griechischen, der homerischen Welt, wo es diesen gewöhnlichen Menschenhaufen nicht gab. Oft genug bedauerte er, dass die Welt nur von Menschen und nicht von höheren Wesen gestaltet wird. Aber mit all sei-

nen Idealen, Ideen und Träumen stand er sich auch selbst im Weg, denn das, was er von der Kunst und von den Menschen forderte, konnte auch er bei allem Bemühen nicht im vollen Maße leisten.

Die Ehe

Der gestrenge Herr Schiller hatte, wie wir wissen, in einem Brief Zweifel daran geäußert, dass die Damen mit historischen Begriffen etwas anfangen konnten. Die beiden Frauen, die er im Dezember 1787 kennen gelernt hatte, waren jedenfalls nicht dumm. Sie lasen viel, konnten Klavier spielen, sprachen Französisch und sie waren, das galt besonders für die ältere der beiden Schwestern, auch an der Kunst und den Wissenschaften interessiert. Schiller heiratete am 22. Februar 1790 die jüngere.

Stellen wir uns einmal die Frage, wie wichtig die Frauen bis zu seiner Hochzeit mit Charlotte von Lengefeld, so hieß die adelige junge Dame, gewesen sind. Inspirierten ihn seine Freundinnen zu großartiger Lyrik, wie es bei Goethe der Fall war? Mit Ausnahme der schwülstigen jugendlichen »Laura«-Gedichte waren es wohl eher Gelegenheitsreime, die er ihnen widmete. Wichtig wurde für ihn später der behagliche Haushalt und die Fürsorge seiner Frau, die ihm das Schreiben und Dichten in Ruhe ermöglichte. Mit großartigen Versen bedachte er auch sie nicht.

Die anderen Frauen, die in seinem Leben eine Rolle spielten und in die er wahrscheinlich leidenschaftlicher verliebt war als in seine Charlotte, sollen wenigstens erwähnt werden. Es wurde behauptet, einige von ihnen seien leichtfertig und unmoralisch gewesen, beispielsweise seine Dresdener Freundin Henriette von Arnim, die von Minna Körner so gar nicht geschätzt wurde. Jeden Abend fehlte Schiller am Teetisch und hielt sich bei dieser Person auf. Dabei wusste Minna doch,

dass sie auch andere Verehrer empfing. Beide Körners über-
zeugten ihn, solch eine Dame sei nichts für ihn. Schiller
selbst wollte immer gleich heiraten. Auch mit seiner Leip-
ziger Freundin, der Schauspielerin und Dichterin Sophie
Albrecht waren sie schon nicht einverstanden gewesen. Die
unglücklich verheiratete Frau hatte Schiller ihren Herzens-
kummer anvertraut, und er selbst war damals bemüht gewe-
sen, Charlotte von Wolzogen zu vergessen, in die er sich in
Bauerbach verliebt hatte. Davor, in Mannheim, hatte er sich
mit Margaretha, der Tochter seines Buchhändlers Schwan,
und mit der Schauspielerin Katharina Baumann befreundet.
Katharina hatte in Mannheim ebenso wie Sophie Albrecht
in Frankfurt die Luise in »Kabale und Liebe« gespielt.
Charlotte, dieser weibliche Vorname verfolgte Schiller im-
merhin. Eine faszinierende Frau war Charlotte von Kalb.
Da ihre Eltern früh gestorben waren, wurde sie von Ver-
wandten erzogen. Ihr Onkel verheiratete sie mit einem
Mann, den sie nicht liebte. Heinrich von Kalb war Major in
französischen Diensten in Landau. Seine junge Frau zog in
die Nähe, nach Mannheim, wo sie Friedrich Schiller kennen
lernte. Sie verstanden sich gut, weil sie ähnliche Interessen
hatten. Im Weimar sahen sie sich nach zwei Jahren wieder,
und es kam ihnen so vor, als hätten sie sich nie getrennt.
Schiller bewunderte Charlottes Charme, ihre Schönheit so-
wie ihre Intelligenz und Einfühlsamkeit. Sie hätte ihn gehei-
ratet, aber er zögerte. Charlotte von Kalb führte ein so ab-
wechslungsreiches Leben, wollte ständig Menschen um sich
haben und war oft nervös. Er brauchte Stille, ein ruhiges Zu-
hause. Sein Vater hatte ihm schon vor Jahren in einem Brief
geraten, sich eine vernünftige, tugendhafte und häusliche

Frau zu nehmen und deren guten Anordnungen zu folgen.
Es sollte also eine andere Charlotte sein.

Von Weimar aus fuhr Schiller Ende November 1787 zu sei-
ner Schwester Christophine Reinwald nach Meiningen. Er
hatte sich übrigens nicht gewünscht, dass die lebenslustige
Christophine diese Ehe einging, und die Bekanntschaft auch
nicht vermittelt. Reinwald, der sich bei der Familie Schiller
selbst bekannt gemacht hatte, wurde mit den Jahren immer
griesgrämiger und unzufriedener, vor allem mit seinem
schlecht bezahlten Beruf. Nach diesem Besuch hielt sich
Schiller einige Tage bei der Familie Wolzogen in Bauerbach
auf. Auch Wilhelm, der Freund aus der Karlsschule, war an-
wesend. Gemeinsam mit diesem machte er auf dem Rück-
weg nach Weimar bei Wilhelms Verwandten in Rudolstadt
einen Geburtstagsbesuch. Wilhelm schwärmte von seinen
Cousinen, die bei ihrer Mutter lebten. Die ältere, Caroline,
war zwar mit dem Rudolstädter Hofrat von Beulwitz verhei-
ratet, ließ sich aber später scheiden und wurde Wilhelms
Frau. Die sanfte, zurückhaltende Charlotte war noch ledig.

Schiller befreundete sich mit beiden. Als Charlotte, die zur
Hofdame ausgebildet werden sollte, einige Zeit später an
den Weimarer Hof kam, freute er sich. Sie konnten sich
zwar nicht treffen, schrieben sich aber kleine Briefe, und als
Charlotte zurückfuhr, hatten sie verabredet, dass er sich
während der Frühlings- und Sommermonate in der Nähe
von Rudolstadt ein Quartier suchen solle.

Im Mai konnte er Weimar verlassen, um nach Volkstedt zu
reisen, wo ihm Charlotte eine Wohnung besorgt hatte. Von
nun an sah er die Schwestern drei Monate lang fast täglich
in Rudolstadt. Der Fußweg dorthin gefiel ihm gut, das Haus

Lengefeld noch mehr. Die Mutter Luise von Lengefeld, von den Töchtern »chère mère«, genannt, lebte mit Charlotte in der Neuen Gasse in einem Gartenhaus, das Hauptgebäude bewohnte das Ehepaar von Beulwitz. Auch mit dem Hofrat und der Mutter verstand sich Schiller recht gut. Frau von Lengefelds Vorbehalte gegen ihn, den bürgerlichen Dichter ohne feste Anstellung, bemerkte er in seiner Zufriedenheit nicht. Die Unternehmungen mit den Schwestern und die anregenden Gespräche wollte er bald gar nicht mehr missen. Einige Male machte er auch Besuche in der Rudolstädter Glockengießerei, möglicherweise kam ihm schon dort die Idee, den Vorgang des Glockengießens zu bedichten.

Als Schiller dann in Jena Professor war, besuchte er die Lengefelds am 2. August 1789 auf der Durchreise nach Dresden in Bad Lauchstädt, wo sie eine Kur machten. Dort ermutigte ihn Caroline, der Schwester einen Heiratsantrag zu machen. Charlotte liebte ihn, sie sagte ja und die Schwester überzeugte die Mutter. Frau von Lengefeld war zuerst alles andere als erfreut darüber, dass ihre Charlotte sich nicht standesgemäß verheiraten wollte. Sie stimmte dem Wunsch ihrer Lieblingstochter dennoch zu, zumal der Berufsstand als Professor ja schon ein Fortschritt in der Laufbahn dieses Mannes war.

Trotz der Verlobung fürchtete Charlotte, dass Schiller ihrer Schwester Caroline mehr Zuneigung entgegenbrachte als ihr, und sie hatte ein richtiges Empfinden. Die schillerndere Figur war die andere, aber der Dichter hatte für sich selbst entschieden, seine Frau und Hausfrau solle ihm ein ruhiges ausgeglichenes Leben garantieren. In einem der Briefe, die er nach der Verlobung beiden (!) schrieb, äußerte er sich offen und ehrlich darüber:

Caroline ist mir näher im Alter und darum auch gleicher in der Form unsrer Gefühle und Gedanken. Sie hat mehr Empfindungen in mir zur Sprache gebracht als du, meine Lotte – aber ich wünschte nicht um alles, dass dieses anders wäre, dass du anders wärest, als du bist. Was Caroline vor dir voraushat, musst du von mir empfangen; deine Seele muss sich in meiner Liebe entfalten und mein Geschöpf musst du sein, deine Blüte muss in den Frühling meiner Liebe fallen. Hätten wir uns später gefunden, so hättest du mir diese schöne Freude weggenommen, dich für mich aufblühen zu sehen.

Schiller hatte sich also in zwei Frauen verliebt. Seine Schwägerin Caroline veröffentlichte später seine Biographie und auch den Briefwechsel. Solche Sätze wie den oben zitierten strich sie allerdings aus den Briefen des Bräutigams.
Der Professor kündigte dem Vater die Hochzeit in einem Brief an:

Jena, 7. Januar 1790
(…) Ich war in Weimar unter den Weihnachtsferien, als die beiden Briefe von Meiningen und der Solitude ankamen, und nur der erste wurde mir nachgeschickt. Wie zerriss es mein Herz, dass meine teuerste Mutter das Glück ihres Lebens nicht mehr erleben sollte. Ich hoffe, liebster Vater, der Brief, den ich vor ungefähr 3 oder 4 Wochen an Sie abschickte und worin ich Ihnen von meiner Verbindung mit Lottchen Lengefeld Nachricht gab, ist jetzt in Ihren Händen und er hat etwas zu Ihrer Beruhigung beigetragen. Der Herzog interessiert sich sehr für meine Heirat. Ich war

kürzlich bei ihm und habe eine jährliche Pension von 200 Reichstalern von ihm erhalten; die schöne Art, womit er dieselbe gab, muss ihren Wert bei mir erhöhen. Lottchen, die mit ihrer Schwester diesen Winter in Weimar zubringt und ihn dort öfters bei Hofe spricht, begegnet er mit viel Teilnahme. (...) Ich lege Ihnen einen Brief von meiner künftigen Frau bei, die sich unbekannterweise Ihre Liebe ausbittet. Sie ist jetzt Ihre Tochter und gewiss eine gute Tochter, die Ihnen Freude machen wird.

Der Himmel segne Sie mit tausendfältigem Segen, bester Vater, und schenke meiner teuren Mutter ein heitres, schmerzfreies Leben. Darum bittet mit vollem Herzen
        Ihr
                gehorsamer und ewig dankbarer Sohn
                                        Fritz

Schillers Mutter war schwer erkrankt, aber sie erholte sich und überlebte ihren Mann, der sechs Jahre vor ihr im Jahr 1796 starb. Der Fritz sah die Eltern in den Jahren 1793 und 1794 wieder, als er sich gemeinsam mit seiner Frau in Ludwigsburg, Stuttgart und Tübingen aufhielt. Sein ältester Sohn Karl Friedrich Ludwig wurde am 14. Dezember 1793 in Ludwigsburg geboren. Dem Freund Körner, der, nebenbei bemerkt, auch mit dieser Heirat und mit Charlotte nicht sofort einverstanden gewesen war, schrieb der glückliche Vater:

                Ludwigsburg, 15. September 1793
Wünsche mir Glück, lieber Körner. Ein kleiner Sohn ist da; die Mutter ist wohlauf, der Junge groß und stark, und alles ist glücklich abgelaufen. Nicht 6 Tage waren wir hier ange-

langt, so ging es los. (...) Hier bin ich vortrefflich logiert und meiner Familie, meinen Freunden um ein gutes Stück näher. Ludwigsburg ist von Stuttgart und der Solitude nur 3 Stunden. Die Stadt ist überaus schön und lachend, und ob sie gleich eine Residenz ist, man lebt darin auf dem Lande. Der Herzog, scheint es, will mich ignorieren, und das ist mir gerade Recht.

Dein S.

Nun hatte Schiller, inzwischen vierunddreißig Jahre alt, auch die Verantwortung als Vater zu tragen. Er war ein liebevoller Vater, der sich bei den gelegentlich auftretenden Krankheiten sehr sorgte. Vier Kinder wurden in den Jahren von 1793 bis 1802 geboren. 1796 kam der zweite Sohn Ernst Friedrich Wilhelm auf die Welt, die jüngeren Schwestern der beiden Jungen waren Caroline Luise Friederike (1799) und Emilie Henriette Luise (1804).
Bei dem in dem Brief erwähnten Herzog handelte es sich um Karl Eugen, den der anerkannte Professor und Dichter Friedrich Schiller nun nicht mehr zu fürchten brauchte.

Schiller und Goethe

*Im Mai 1794 kam die Familie nach Jena zurück. Schiller
hatte während seines Aufenthaltes in Schwaben mit dem Tübinger Verleger Cotta die Zusammenarbeit besprochen, und
nun verhandelte er mit ihm über die Gründung einer neuen
Literaturzeitschrift, die er »Die Horen« nennen wollte. Dieses Projekt lag ihm sehr am Herzen und während der Vorbereitung für die ersten Ausgaben suchte er die Verbindung
mit vielen bedeutenden Literaten und Philosophen und bat
sie um Beiträge. Diese Zeitschrift sollte den deutschen Geist
repräsentieren. Einer der Mitarbeiter wurde der Jurist und
Sprachwissenschaftler Wilhelm von Humboldt, mit dem
Schiller sich eng befreundete.*
*Er bat auch Goethe um Beiträge. Bisher hielten beide Dich-
ter Distanz zueinander. Schiller erkannte Goethes Genius,
mochte aber, wie er Körner schrieb, nicht oft um ihn sein,*

und Goethe beurteilte seinerseits das Werk des anderen kritisch. Er hatte den Eindruck, dass gewisse Stellen in der Schrift »Über Anmut und Würde« oder in einer Rezension über die Gedichte von Bürger gegen ihn gerichtet waren. Über den überaus höflichen Brief, den Schiller ihm am 13. Juni schrieb, freute er sich.

Hochwohlgeborner Herr,
hochzuverehrender Herr Geheimer Rat.
Beiliegendes Blatt enthält den Wunsch einer, Sie unbegrenzt hochschätzenden, Gesellschaft, die Zeitschrift, von der die Rede ist, mit Ihren Beiträgen zu beehren, über deren Rang und Wert nur *eine* Stimme unter uns sein kann. Der Entschluss Euer Hochwohlgeboren, diese Unternehmung durch Ihren Beitritt zu unterstützen, wird für den glücklichen Erfolg derselben entscheidend sein, und mit größter Bereitwilligkeit unterwerfen wir uns allen Bedingungen, unter welchen Sie uns denselben zusagen wollen. (…)

Hochachtungsvoll verharre ich
Euer Hochwohlgeboren
gehorsamster Diener und aufrichtiger Verehrer
Jena, 13. Juni 1794   F. Schiller

Goethe sagte elf Tage später mit folgendem Schreiben zu:

Ew. Wohlgeboren
eröffnen mir eine doppelt angenehme Aussicht, sowohl auf die Zeitschrift, welche Sie herauszugeben gedenken, als auf die Teilnahme, zu der Sie mich einladen. Ich werde mit

Freuden und von ganzem Herzen von der Gesellschaft sein. (…) Schon eine sehr interessante Unterhaltung wird es werden, sich über die Grundsätze zu vereinigen, nach welchem man die eingesendeten Schriften zu prüfen hat, wie über Gehalt und Form zu wachen, um diese Zeitschrift vor anderen auszuzeichnen und sie bei ihren Vorzügen wenigstens eine Reihe von Jahren zu erhalten.

(…)

Die Zeitschrift erschien zwar nicht sehr lange, aber die Freundschaft zwischen den Dichtern dauerte über zehn Jahre und endete mit Schillers frühem Tod.

Durch die gegenseitige Bereitschaft zur Zusammenarbeit waren die Weichen gestellt, sich offen und vorurteilslos zu begegnen, und kurz darauf führten beide ein Gespräch, das ihre jahrelange Arbeitsgemeinschaft einleitete. Am Ende einer Sitzung der Naturforschenden Gesellschaft in Jena sprachen sie über den Vortrag und Goethe fand Schillers Stellungnahme so interessant, dass er ihn nach Hause begleitete und ihm seine Idee über die Metamorphose der Pflanzen erklärte. Es wurde ein Streitgespräch, bei dem keiner Sieger war, das aber eine nachhaltige Wirkung hatte. Mit den Briefen, die sie sich in Bezug auf dieses Gespräch schrieben, begann eine Korrespondenz von mehreren Tausend Briefen, die von alltäglichen Befindlichkeiten, Erlebnissen, aber vor allem von der Schaffensperiode beider ein gutes Bild gibt. Diese Briefe beweisen, dass sich die beiden Männer wichtig geworden waren, dass einer den anderen anregte und brauchte, weil sie sich in ihrer Verschiedenheit akzeptierten. Beide hatten seit Jahren das Dichten vernachlässigt und nun

wollten und konnten sie wieder poetische Werke schaffen.
Auch die Bindung Schillers an das Weimarer Theater
brachte die Dichter immer wieder zusammen. Ihre Gemein-
schaft nahm in gewisser Weise sogar politische Züge an, wo-
mit gemeint ist, dass sie zu Beginn der neunziger Jahre in
Hunderten von zweizeiligen Sinngedichten, den »Xenien«,
ihre Enttäuschung über die Leser oder über das Volk im all-
gemeinen formulierten. Diese »Xenien« betrafen die bürger-
liche Mittelmäßigkeit, wendeten sich gegen Kritiker oder ge-
gen zeitgenössische Schriftsteller. Sie waren polemisch und
ungerecht und die Dichter gewannen keine Freunde damit.
Schiller formulierte noch schärfer als Goethe.
In der Literaturwissenschaft spricht man von dem »Bund«
zwischen Goethe und Schiller, allerdings gibt es Forscher,
die darin in erster Linie eine Geschäftsverbindung, ein ge-
plantes »Projekt« sehen. Darüber kann man geteilter Mei-
nung sein. Man sollte die Freundschaftsgefühle der beiden
füreinander nicht unterschätzen.
Der wegen seines Umfangs fast unglaubliche Briefwechsel
ist eine Lektüre, die man allen empfehlen kann. Wir müssen
uns hier auf wenige Beispiele beziehungsweise Auszüge be-
schränken.

An Goethe

Jena, 18. November 1796

In Kopenhagen ist man auf die »Xenien« ganz grimmig,
wie mir die Schimmelmann heute schreibt, die zwar eine
liberale Sentimentalität hat und – wenn sie nur könnte,
gerne gerecht gegen uns wäre. Daran dürfen wir überhaupt
gar nicht denken, dass man unser Produkt seiner Natur

nach würdigt; die es am besten mit uns meinen, bringen es nur zur Toleranz.

Mir wird bei allen Urteilen dieser Art, die ich noch gehört, die miserable Rolle des Verführten zuteil, Sie haben doch noch den Trost des Verführers. (…)   S.

An Schiller

(…) Ich hoffe, dass die Kopenhagener und alle gebildeten Anwohner der Ostsee aus unsern »Xenien« ein neues Argument für die wirkliche und unwiderlegliche Existenz des Teufels nehmen werden, wodurch wir ihnen denn doch einen sehr wesentlichen Dienst geleistet haben. Freilich ist es von der andern Seite sehr schmerzlich, dass ihnen die

unschätzbare Freiheit, leer und abgeschmackt zu sein, auf eine so unfreundliche Art verkümmert wird. (...)
Weimar, den 19ten November 1796   G.

An Goethe
Ich habe gestern und heute am »Wallenstein« so emsig ge-arbeitet, dass ich den gestrigen Botengang ganz aus der Acht ließ und mich auch heute nur im letzten Augenblick an die Post erinnerte.
(...)
Jena, 14. Dezember 1796   Sch.

                    (Jena, den 16. Dezember 1796)
(...) Meine Arbeit rückt mit lebhaftem Schritt weiter. Es ist mir nicht möglich gewesen, so lange ich anfangs wollte, die Vorbereitung und den Plan von der Ausführung zu trennen. Sobald die festen Punkte einmal gegeben waren und ich überhaupt nur einen sichern Blick durch das Ganze bekommen, habe ich mich gehen lassen, und so wurden, ohne dass ich es eigentlich zu Absicht hatte, viele Szenen im ersten Akt gleich ausgeführt. Meine Anschauung wird mit jedem Tage lebendiger und eins bringt das andre her-bei. (...)   Sch.

An Schiller
Dass es mit dem »Wallenstein« so geht, wie Sie schreiben, ist in der Regel, und ich habe desto mehr Hoffnung darauf, als er sich nun selbst zu produzieren anfängt, und ich freue mich, den ersten Akt nach dem Neuen Jahre anzutreffen. Eher werde ich aber auch nicht kommen, da mir noch eine

Reise bevorsteht, von der ich das Weitere melde, sobald sie gewiss ist. (…)
Weimar, am 17. Dezember 1796   G.

An Schiller
Wenn Sie mich heute Abend um 6 Uhr besuchen und zu Tische bei mir bleiben mögen, so wird es mir sehr erfreulich sein.
(Weimar) Am 20. Dezember 1799   G.

An Schiller
Gestern hoffte ich Sie gegen Abend zu sehen, welches mir aber nicht gelang. Heute kann ich nicht wohl ausgehen, und diesen Abend wird Sie das prophetische Übermaß wohl von unsern Zirkeln abhalten. Schicken Sie uns indessen Ihre liebe Frau und schreiben mir, ob die Musen günstig sind: Ich befinde mich in einem ganz zerstückelten Leben.
(Weimar) Am 23. Dezember 1799   G.

An Goethe
                              (Weimar, den 23. Dezember 1799)
Ich hatte gestern Abend den Anschlag gefasst, Sie noch zu besuchen, vertiefte mich aber zu sehr in mein Geschäft und die Stunde wurde versäumt. (…) Sollte Ihnen aber heute Abend nach ausgestandenem Abenteuer noch Lust und Zeit zu einem Gespräch übrig bleiben, so lassen Sie michs wissen, und ich komme. Leben Sie recht wohl. Die Frau wird Ihre Einladung dankbar benutzen, wenn sie irgend ausgehen kann.   Sch.

An Schiller

Ich dächte, Sie entschlössen sich auf alle Fälle, um halb
neun Uhr zu mir zu kommen. Sie finden geheizte und er-
leuchtete Zimmer, wahrscheinlich einige zurückgebliebene
Freunde, etwas Kaltes und ein Glas Punsch. Alles Dinge,
die in diesen langen Winternächten nicht zu verachten
sind.

(Weimar) Am 23. Dezember 1799   G.

An Goethe

                              (Weimar, den 14. Januar 1804)
Dass Sie mit meinem Eingang in den »Tell« zufrieden sind,
reicht mir zu einem großen Trost, dessen ich unter der gegenwärtigen Stickluft besonders bedürftig war. Auf den
Montag will ich Ihnen das »Rütli« senden, welches jetzt ins
Reine geschrieben wird, es lässt sich als Ganzes für sich
lesen. (…)   Sch.

An Schiller

                              (Weimar, den 14. Januar 1804)
(…) Leben Sie recht wohl, und wenn Sie morgen zu Hofe
fahren, so kommen Sie einen Augenblick vorher zu mir,
mein Wagen kann Sie abholen und so lange warten.
Das »Rütli« wird mir große Freude machen. Ich verlange
sehr das, was einzeln so gut eingeführt ist, nun im Ganzen
beisammen zu sehen.   G.

*Für die deutsche Literatur war es ein wirklicher Glücksfall,
dass sich Goethe und Schiller in Thüringen begegneten und
sich zu ihrem Bund entschlossen. Wie viel Schiller dem an-*

deren bedeutete, soll ein Auszug aus einem Brief zeigen, den Goethe vierundzwanzig Jahre nach dem Tod des Freundes an den König von Bayern richtete. Er hatte gerade die Arbeit an der Herausgabe des Briefwechsels abgeschlossen.

Allerdurchlauchtigster,
      Allergnädigster regierender König und Herr
In Bezug auf die von Ew. Königlichen Majestät zu meinem unvergesslichen Freunde gnädigst gefasste Neigung musste mir gar oft, bei abschließender Durchsicht des mit ihm vieljährig gepflogenen Briefwechsels, die Überzeugung beigehen: wie sehr demselben das Glück, Ew. Majestät anzugehören, wäre zu wünschen gewesen. Jetzt, da ich nach beendigter Arbeit von ihm abermals zu scheiden genötigt bin, beschäftigen mich ganz eigene, jedoch in dieser Lage nicht ungemäße Gedanken.
In Zeiten, wenn uns eine wichtige, auf unser Leben einflussreiche Person verlässt, pflegen wir auf unser eigenes Selbst zurückzukehren, gewohnt, nur dasjenige schmerzlich zu empfinden, was wir persönlich für die Folge zu entbehren haben. In meiner Lage war dies von der größten Bedeutung: denn mir fehlte nunmehr eine innig vertrauliche Teilnahme, ich vermisste eine geistreiche Anregung und was nur einen löblichen Wetteifer befördern konnte. Dies empfand ich damals aufs Schmerzlichste; aber der Gedanke, wie viel auch er von Glück und Genuss verloren, drang sich mir erst lebhaft auf, seit ich Ew. Majestät höchster Gunst und Gnade, Teilnahme und Mitteilung, Auszeichnung und Bereicherung, wodurch ich frische Anmut über meine hohen Jahre verbreitet sah, mich zu erfreuen hatte.

Nun ward ich zu dem Gedanken und der Vorstellung geführt, dass auf Ew. Majestät ausgesprochenen Gesinnungen dies alles dem Freunde in hohem Maße widerfahren wäre; umso erwünschter und förderlicher, als er das Glück in frischen vermögsamen Jahren hätte genießen können. Durch allerhöchste Gunst wäre sein Dasein durchaus erleichtert, häusliche Sorgen entfernt, seine Umgebung erweitert, derselbe auch wohl in ein heilsameres besseres Klima versetzt worden, seine Arbeiten hätte man dadurch belebt und beschleunigt gesehen, dem höchsten Gönner selbst zu fortwährender Freude und der Welt zu dauernder Erbauung. (…)
Weimar, den 18. Oktober 1829
    Ew. Königlichen Majestät
        alleruntertänigster Diener
        Johann Wolfgang von Goethe

Goethe war achtzig Jahre alt, als er dem König von Bayern, der ihn verehrte, die Briefe schickte. Er erwähnte mit großem Bedauern die schwierigen Lebensumstände seines Freundes, der nicht so viel Glück und Vergünstigung erleben konnte wie er selbst.

Die Balladen

Zu Schillers Beliebtheit im neunzehnten und zwanzigsten
Jahrhundert trugen vor allem die Balladen bei. Wenn wir sie
auch längst nicht mehr kennen oder gar auswendig aufsagen
können, so zitieren wir doch sehr oft einzelne Sätze daraus.
Schiller wurde vor allem durch seine Verbindung mit Goethe
zum Balladendichter. Das Jahr 1797 war sozusagen ein ge-
meinsames Balladenjahr, in dem beide Dichter diese erzäh-
lerischen Gedichte in einer Art Wettbewerb schrieben. Was
deren Länge betraf, konnte es nur einen »Sieger« geben:
Schiller. Als die deutschen Schüler noch viele Balladen auswendig lernen mussten, fanden sie einen Ausweg, deren
Länge zu umgehen, und zitierten zum Beispiel den »Taucher« in Sekundenschnelle:
»›Der Taucher‹, von Friedrich Schiller: Gluck, gluck – weg
war er!«
Lesen jedoch kann man dieses lange Gedicht auch heute
noch. Am besten laut.
Zwei der drei Balladen, die ich ausgesucht habe, werden un-
gekürzt angeboten, zumal »Der Handschuh« fast eine nor-
male Länge hat. Auf den ersten Blick könnte man meinen,
»Der Taucher« und »Der Handschuh« hätten einen ähnli-
chen Inhalt, denn man liest von Menschen, die das Leben eines anderen aufs Spiel setzen. Da steht der König auf der
Klippe und wirft absichtlich einen Becher ins Meer. Dort
sitzt das hochmütige Edelfräulein Kunigunde, die ihren
Handschuh in den Raubtierzwinger fallen lässt. Zwei Männer suchen die Gefahr. Ein junger Knappe springt zweimal

in die Fluten und findet den Tod. Der Ritter betritt seelenru-
hig den Zwinger und verlässt ihn unverletzt.
Man möchte dem König wegen seiner Leichtfertigkeit die
Schuld am Tod des jungen Edelknaben zusprechen, aber das
ist eine vorschnelle Verurteilung. Der König übt keinen
Zwang aus. Er redet nur verantwortungslos. Der Knappe
aber hat die Zuversicht der Jugend und will sich den goldenen
Becher wie eine Trophäe erkämpfen. Vor dem ersten Sprung
in die Tiefe fühlt er sich sportlich gefordert, vor dem zweiten
entscheidet er sich aus freiem Willen, als ein Mann, der für
sich selbst die Verantwortung trägt, wissend, dass er wohl
nicht wieder vom Meeresgrund zurückkommt.
Sollten den Leser diese Überlegungen gar nicht interessieren,
kann er sich, in seiner Phantasie, auch auf den Uferfelsen
stellen und ein wildes, tobendes Meer erleben, dessen schäu-
mende Gischt ihn nässt ...

DER TAUCHER

»Wer wagt es, Rittersmann oder Knapp,
Zu tauchen in diesen Schlund?
Einen goldnen Becher werf ich hinab,
Verschlungen schon hat ihn der schwarze Mund.
Wer mir den Becher kann wieder zeigen,
Er mag ihn behalten, er ist sein eigen.«

Der König spricht es und wirft von der Höh
Der Klippe, die schroff und steil
Hinaushängt in die unendliche See,
Den Becher in der Charybde Geheul.

»Wer ist der Beherzte, ich frage wieder,
Zu tauchen in diese Tiefe nieder?«

Und die Ritter, die Knappen um ihn her
Vernehmens und schweigen still,
Sehen hinab in das wilde Meer,
Und keiner den Becher gewinnen will.

Und der König zum dritten Mal wieder fraget:
»Ist keiner, der sich hinunterwaget?«

Doch alles noch stumm bleibt wie zuvor,
Und ein Edelknecht, sanft und keck,
Tritt aus der Knappen zagendem Chor,
Und den Gürtel wirft er, den Mantel weg,
Und alle die Männer umher und Frauen
Auf den herrlichen Jüngling verwundert schauen.

Und wie er tritt an des Felsen Hang
Und blicket in den Schlund hinab,
Die Wasser, die sie hinunterschlang,
Die Charybde jetzt brüllend wiedergab,
Und wie mit des fernen Donners Getose
Entstürzen sie schäumend dem finstern Schoße.

Und es wallet und siedet und brauset und zischt,
Wie wenn Wasser mit Feuer sich mengt,
Bis zum Himmel spritzet der dampfende Gischt,
Und Flut auf Flut sich ohn Ende drängt,
Und will sich nimmer erschöpfen und leeren,
Als wollte das Meer noch ein Meer gebären.

Doch endlich, da legt sich die wilde Gewalt,
Und schwarz aus dem weißen Schaum
Klafft hinunter ein gähnender Spalt,
Grundlos, als gings in den Höllenraum,
Und reißend sieht man die brandenden Wogen
Hinab in den strudelnden Trichter gezogen.

Jetzt schnell, eh die Brandung wiederkehrt,
Der Jüngling sich Gott befiehlt,
Und – ein Schrei des Entsetzens wird rings gehört,
Und schon hat ihn der Wirbel hinweggespült,
Und geheimnisvoll über dem kühnen Schwimmer
Schließt sich der Rachen, er zeigt sich nimmer.

Und stille wirds über dem Wasserschlund,
In der Tiefe nur brauset es hohl,
Und bebend hört man von Mund zu Mund:
»Hochherziger Jüngling, fahre wohl!«
Und hohler und hohler hört mans heulen,
Und es harrt noch mit bangem, mit schrecklichem
Weilen.

Und wärfst du die Krone selber hinein
Und sprächst: Wer mir bringet die Kron,
Er soll sie tragen und König sein,
Mich gelüstete nicht nach dem teuren Lohn.
Was die heulende Tiefe da unten verhehle,
Das erzählt keine lebende glückliche Seele.

Wohl manches Fahrzeug, vom Strudel gefasst,
Schoss gäh in die Tiefe hinab,
Doch zerschmettert nur rangen sich Kiel und
Mast
Hervor aus dem alles verschlingenden Grab. –
Und heller und heller wie Sturmes Sausen
Hört mans näher und immer näher brausen.

Und es wallet und siedet und brauset und zischt,
Wie wenn Wasser mit Feuer sich mengt,
Bis zum Himmel spritzet der dampfende Gischt,
Und Well auf Well sich ohn Ende drängt,
Und wie mit des fernen Donners Getose
Entstürzt es brüllend dem finstern Schoße.

Und sieh! aus dem finster flutenden Schoß
Da hebet sichs schwanenweiß,
Und ein Arm und ein glänzender Nacken wird bloß,
Und es rudert mit Kraft und mit emsigem Fleiß,
Und er ists, und hoch in seiner Linken
Schwinkt er den Becher mit freudigem Winken.

Und atmete lang und atmete tief
Und begrüßte das himmlische Licht.
Mit Frohlocken es einer dem andern rief:
»Er lebt! Er ist da! Es behielt ihn nicht.
Aus dem Grab, aus der strudelnden Wasserhöhle
Hat der Brave gerettet die lebende Seele.«

Und er kommt, es umringt ihn die jubelnde Schar,
Zu des Königs Füßen er sinkt,
Den Becher reicht er ihm kniend dar,
Und der König der lieblichen Tochter winkt,
Die füllt ihn mit funkelndem Wein bis zum Rande,
Und der Jüngling sich also zum König wandte.

»Lang lebe der König! Es freue sich,
Wer da atmet im rosigten Licht!

Da unten aber ists fürchterlich,
Und der Mensch versuche die Götter nicht
Und begehre nimmer und nimmer zu schauen,
Was sie gnädig bedecken mit Nacht und Grauen.

Es riss mich hinunter blitzesschnell,
Da stürzt' mir aus felsigtem Schacht
Wildflutend entgegen ein reißender Quell,
Mich packte des Doppelstroms wütende Macht,
Und wie einen Kreisel mit schwindelndem Drehen
Trieb michs um, ich konnte nicht widerstehen.

Da zeigte mir Gott, zu dem ich rief
In der höchsten schrecklichen Not,
Aus der Tiefe ragend ein Felsenriff,
Das erfasst' ich behänd und entrann dem Tod,
Und da hing auch der Becher an spitzen Korallen,
Sonst wär er ins Bodenlose gefallen.

Denn unter mir lags noch, bergetief,
In purpurner Finsternis da,
Und obs hier dem Ohre gleich ewig schlief,
Das Auge mit Schaudern hinuntersah,
Wie's von Salamandern und Molchen und Drachen
Sich regt' in dem furchtbaren Höllenrachen.

Schwarz wimmelten da, in grausem Gemisch,
Zu scheußlichen Klumpen geballt,
Der stachlige Roche, der Klippenfisch,
Des Hammers gräuliche Ungestalt,

Und dräuend wies mir die grimmigen Zähne
Der entsetzliche Hai, des Meeres Hyäne.

Und da hing ich und wars mir mit Grausen bewusst,
Von der menschlichen Hülfe so weit,
Unter Larven die einzige fühlende Brust,
Allein in der grässlichen Einsamkeit,
Tief unter dem Schall der menschlichen Rede
Bei den Ungeheuern der traurigen Öde.

Und schaudernd dacht ichs, da krochs heran,
Regte hundert Gelenke zugleich,
Will schnappen nach mir; in des Schreckens Wahn
Lass ich los der Koralle umklammerten Zweig,
Gleich fasst mich der Strudel mit rasendem Toben,
Doch es war mir zum Heil, er riss mich nach oben.«

Der König darob sich verwundert schier
Und spricht: »Der Becher ist dein,
Und diesen Ring noch bestimm ich dir,
Geschmückt mit dem köstlichsten Edelgestein,
Versuchst dus noch einmal und bringst mir Kunde,
Was du sahst auf des Meeres tiefunterstem Grunde.«

Das hörte die Tochter mit weichem Gefühl,
Und mit schmeichelndem Munde sie fleht:
»Lasst, Vater, genug sein das grausame Spiel,
Er hat Euch bestanden, was keiner besteht,
Und könnt Ihr des Herzens Gelüsten nicht zähmen,
So mögen die Ritter den Knappen beschämen.«

Drauf der König greift nach dem Becher schnell,
In den Strudel ihn schleudert hinein:
»Und schaffst du den Becher mir wieder zur Stell,
So sollst du der trefflichste Ritter mir sein
Und sollst sie als Ehgemahl heut noch umarmen,
Die jetzt für dich bittet mit zartem Erbarmen.«

Da ergreifts ihm die Seele mit Himmelsgewalt,
Und es blitzt aus den Augen ihm kühn,
Und er siehet erröten die schöne Gestalt
Und sieht sie erbleichen und sinken hin,
Da treibts ihn, den köstlichen Preis zu erwerben,
Und stürzt hinunter auf Leben und Sterben.

Wohl hört man die Brandung, wohl kehrt sie zurück,
Sie verkündigt der donnernde Schall,
Da bückt sichs hinunter mit liebendem Blick,
Es kommen, es kommen die Wasser all,
Sie rauschen herauf, sie rauschen nieder,
Den Jüngling bringt keines wieder.

*Die Natur hat den Taucher besiegt. Der stolze Ritter, von
dem gleich erzählt wird, kommt mit heiler Haut davon. Die
Raubtiere, die in diesem Fall die Natur verkörpern, tun ihm
nichts. Auf den Dank der Dame kann er aber verzichten.
Ihm ging es nur um seine Ehre – und dem Dichter, so
scheint es, um eine witzige, fast satirische Geschichte.*

DER HANDSCHUH

Vor seinem Löwengarten,
Das Kampfspiel zu erwarten,
Saß König Franz,
Und um ihn die Großen der Krone,
Und rings auf hohem Balkone
Die Damen in schönem Kranz.

Und wie er winkt mit dem Finger,
Auf tut sich der weite Zwinger,
Und hinein mit bedächtigem Schritt
Ein Löwe tritt,
Und sieht sich stumm
Rings um,
Mit langem Gähnen,
Und schüttelt die Mähnen,
Und streckt die Glieder,
Und legt sich nieder.

Und der König winkt wieder,
Da öffnet sich behänd
Ein zweites Tor,
Daraus rennt
Mit wildem Sprunge
Ein Tiger hervor.
Wie der den Löwen erschaut,
Brüllt er laut,
Schlägt mit dem Schweif
Einen furchtbaren Reif,

Und recket die Zunge,
Und im Kreise scheu
Umgeht er den Leu *Löwe*
Grimmig schnurrend;
Drauf streckt er sich murrend
Zur Seite nieder.

Und der König winkt wieder,
Da speit das doppelt geöffnete Haus
Zwei Leoparden auf einmal aus,
Die stürzen mit mutiger Kampfbegier
Auf das Tigertier,
Das packt sie mit seinen grimmigen Tatzen,
Und der Leu mit Gebrüll
Richtet sich auf, da wirds still,
Und herum im Kreis,
Von Mordsucht heiß,
Lagern sich die gräulichen Katzen.

Da fällt von des Altans Rand
Ein Handschuh von schöner Hand
Zwischen den Tiger und den Leun
Mitten hinein.

Und zu Ritter Delorges spottenderweis
Wendet sich Fräulein Kunigund:
»Herr Ritter, ist Eure Lieb so heiß,
Wie Ihr mir schwört zu jeder Stund,
Ei, so hebt mir den Handschuh auf.«

Und der Ritter in schnellem Lauf
Steigt hinab in den furchtbaren Zwinger
Mit festem Schritte,
Und aus der Ungeheuer Mitte
Nimmt er den Handschuh mit keckem Finger.

Und mit Erstaunen und mit Grauen
Sehens die Ritter und Edelfrauen,
Und gelassen bringt er den Handschuh zurück.
Da schallt ihm sein Lob aus jedem Munde,
Aber mit zärtlichem Liebesblick –
Er verheißt ihm sein nahes Glück –
Empfängt ihn Fräulein Kunigunde.
Und er wirft ihr den Handschuh ins Gesicht:
»Den Dank, Dame, begehr ich nicht«,
Und verlässt sie zur selben Stunde.

Man meint zu spüren, dass es die Reimerei war, die dem Dichter bei dieser Ballade am meisten Spaß machte.

Schiller schickte das Gedicht im August 1797 an den Komponisten Karl Friedrich Zelter, der Goethes Lieblingskomponist war. Beide Balladen wurden im »Musenalmanach für das Jahr 1798« veröffentlicht, einem weiteren Journal des Dichters, das jährlich erschien.

»Die Bürgschaft« wurde in der Ausgabe von 1799 abgedruckt. In dieser Ballade beschreibt der Dichter, der ja immer den hohen menschlichen Ideen und Idealen Ausdruck geben wollte, die höchste Form der Freundschaft und Freiheit. Wie viele der anderen Erzählgedichte ist auch dieses gleichnishaft gemeint. Die allgemeine moralische Aussage wird durch ein vorbildhaftes Beispiel versinnbildlicht. Aber darauf achtet der neugierig gewordene Leser gar nicht. Ihn fesseln die spannende Handlung, die Abenteuer des Helden, der so viele Schwierigkeiten überwinden muss. Es ist eine aufregende Geschichte, die hier etwas verkürzt wiedergegeben wird. Zuvor möchte ich noch auf eine Strophe hinweisen, die jedem Dichter der Romantik Ehre gemacht hätte. Sie beginnt: »Und horch (…)« Er sei kein Naturlyriker gewesen, behaupten die Schillerforscher oft. Wenn er aber gewollt hätte …

DIE BÜRGSCHAFT

Zu Dionys, dem Tyrannen, schlich
Damon, den Dolch im Gewande;
Ihn schlugen die Häscher in Bande.
»Was wolltest du mit dem Dolche, sprich!«,

Entgegnet ihm finster der Wüterich.
»Die Stadt vom Tyrannen befreien!«
»Das sollst du am Kreuze bereuen.«

»Ich bin«, spricht jener, »zu sterben bereit
Und bitte nicht um mein Leben,
Doch willst du Gnade mir geben,
Ich flehe dich um drei Tage Zeit,
Bis ich die Schwester dem Gatten gefreit,
Ich lasse den Freund dir als Bürgen,
Ihn magst du, entrinn ich, erwürgen.«

Da lächelt der König mit arger List
Und spricht nach kurzem Bedenken:
»Drei Tage will ich dir schenken.
Doch wisse! Wenn sie verstrichen, die Frist,
Eh du zurück mir gegeben bist,
So muss er statt deiner erblassen,
Doch dir ist die Strafe erlassen.«

Und er kommt zum Freunde: »Der König gebeut,
Dass ich am Kreuz mit dem Leben
Bezahle das frevelnde Streben;
Doch will er mir gönnen drei Tage Zeit,
Bis ich die Schwester dem Gatten gefreit,
So bleib du dem König zum Pfande,
Bis ich komme, zu lösen die Bande.«

Nachdem der Freund die Schwester ihrem Ehemann über-
geben hat, beeilt er sich nach Hause zu kommen. Aber nun

beginnt das Abenteuer der Zeitverzögerung. Es regnet, die
Bäche und Flüsse schwellen und der Strom tritt über die
Ufer und wird zum Meer. Dann wird die Brücke mitgerissen
und es gibt für Damon keine Möglichkeit, an das andere
Ufer zu kommen. Über dieses tobende Wasser kann der
Fährmann nicht übersetzen. Damon fleht zu Zeus. Er sieht,
dass die Sonne schon im Süden steht: Bei Sonnenuntergang
muss der Freund sterben!

Doch wachsend erneut sich des Stromes Wut,
Und Welle auf Welle zerrinnet,
Und Stunde an Stunde entrinnet.
Da treibt ihn die Angst, da fasst er sich Mut
Und wirft sich hinein in die brausende Flut
Und teilt mit gewaltigen Armen
Den Strom, und ein Gott hat Erbarmen.

Und gewinnt das Ufer und eilet fort
Und danket dem rettenden Gotte,
Da stürzet die raubende Rotte
Hervor aus des Waldes nächtlichem Ort,
Den Pfad ihm sperrend, und schnaubet Mord
Und hemmet des Wanderers Eile
Mit drohend geschwungener Keule.

Damon aber denkt an den Freund und das gibt ihm Mut. Er
erschlägt drei Räuber mit der Keule, die er einem entriss.
Die anderen entweichen.
Es ist heiß, die Sonne glüht. Er durstet, wird immer schwä-
cher. Und wieder wendet er sich an Zeus und fragt: »Soll

*(ich) hier schmachtend verderben, / Und der Freund mir, der
liebende, sterben!«*

Und horch! da sprudelt es silberhell,
Ganz nahe, wie rieselndes Rauschen,
Und stille hält er, zu lauschen,
Und sieh, aus dem Felsen, geschwätzig, schnell,
Springt murmelnd hervor ein lebendiger Quell,
Und freudig bückt er sich nieder
Und erfrischet die brennenden Glieder.

Und die Sonne blickt durch der Zweige Grün
Und malt auf den glänzenden Matten
Der Bäume gigantische Schatten;
Und zwei Wanderer sieht er die Straße ziehn,
Will eilenden Laufes vorüberfliehn,
Da hört er die Worte sie sagen:
»Jetzt wird er ans Kreuz geschlagen.«

*Die Angst treibt ihn. Er sieht schon die vom Abendrot be-
leuchtete Stadt und dann ruft ihm der entsetzte Philostratus,
der Hüter seines Hauses, zu:*

»Zurück! du rettest den Freund nicht mehr,
So rette das eigene Leben!
Den Tod erleidet er eben.
Von Stunde zu Stunde gewartet' er
Mit hoffender Seele der Wiederkehr,
Ihm konnte den mutigen Glauben
Der Hohn des Tyrannen nicht rauben.«

»Und ist es zu spät, und kann ich ihm nicht
Als Retter willkommen erscheinen,
So soll mich der Tod ihm vereinen.
Des rühme der blutge Tyrann sich nicht,
Dass der Freund dem Freunde gebrochen die Pflicht,
Er schlachte der Opfer zweie
Und glaube an Liebe und Treue.«

Und die Sonne geht unter, da steht er am Tor
Und sieht das Kreuz schon erhöhet,
Das die Menge gaffend umstehet,
An dem Seile schon zieht man den Freund empor,
Da zertrennt er gewaltig den dichten Chor:
»Mich, Henker!«, ruft er, »erwürget!
Da bin ich, für den er gebürget!«

Und Erstaunen ergreifet das Volk umher,
In den Armen liegen sich beide
Und weinen für Schmerzen und Freude.
Da sieht man kein Auge tränenleer,
Und zum Könige bringt man die Wundermär,
Der fühlt ein menschliches Rühren,
Lässt schnell vor den Thron sie führen.

Und blicket sie lange verwundert an.
Drauf spricht er: »Es ist euch gelungen,
Ihr habt das Herz mir bezwungen,
Und die Treue, sie ist doch kein leerer Wahn,
So nehmet auch mich zum Genossen an,
Ich sei, gewährt mir die Bitte,
In eurem Bunde der Dritte.«

»Wilhelm Tell«

Von einem anderen Bund erzählt Schiller im »Wilhelm Tell«. Dieses Drama Schillers ist das einzige, das nicht tragisch mit dem Tod der Hauptperson endet und das sich in einer idyllischen Landschaft abspielt. Wer denkt nicht am Vierwaldstätter See sofort an Wilhelm Tell, von dem eine alte Sage berichtete, und an Friedrich Schiller, der einen weltberühmten Helden schuf? In Altdorf steht in unmittelbarer Nähe eines Hotels, in dem Goethe übernachtete, ein Schiller-Denkmal. Er war aber nie in der Schweiz, die Anregungen zu diesem Stück gab Goethe.

In wenigen Sätzen kann man den Inhalt nicht zusammenfassen, sondern nur einige Schwerpunkte des Dramas hervorheben. Zuvor einige Anmerkungen zur Geschichte der Schweiz: Eine lange Zeit gehörte es zum Selbstverständnis der Schweizer, die sich auch gern Eidgenossen nennen, ihre Staatsgeschichte in Zusammenhang mit dem Rütli-Schwur zu sehen, der den Ewigen Bund der drei Urkantone Schwyz, Uri und Unterwalden begründete. Als zur Siebenhundertjahrfeier im Jahr 1991 von Historikern Zweifel geäußert wurden, ob es diesen Schwur überhaupt gegeben habe oder ob die bisherige Geschichtsschreibung falsch sei, war die Empörung im Lande groß. Das kann man verstehen, denn man wollte auf das Symbol des Freiheitskampfes der einfachen Schweizer Bauern gegen die österreichische Fremdherrschaft nicht gern verzichten. Historische Tatsache ist, dass nach dem Tod des Habsburgers Rudolf I. die Waldstätten Uri, Schwyz und Unterwalden ein Bündnis gegen

Fremdbestimmung und Gewalt schlossen, welches die Schweizer Eidgenossenschaft begründete.

Schiller musste damals auf Quellen zurückgreifen, die noch nicht wissenschaftlich exakt waren, sondern Tatsachen und Legenden miteinander vermischten. Das ist aber für das Stück nicht von wesentlicher Bedeutung. Schiller schrieb den »Tell« in einer Zeit, in der den Schweizern durch die französischen Besatzungstruppen erneut die Freiheit genommen worden war, und er wusste, wie er in einem Brief an seinen Freund Wilhelm von Wolzogen schrieb, dass die »Leute auf solche Volksgegenstände ganz erpicht« waren.

Nicht nur das Eingehen auf den Volksgeschmack muss uns, die wir ihn ja nun ein bisschen kennen gelernt haben, verwundern, sondern auch die Gestaltung seines Helden Tell, den er einen Mord begehen und ihn dann von seinen Landsleuten als Retter preisen ließ. In der hohlen Gasse von Küßnacht tötete Wilhelm Tell den Reichsvogt Geßler und befreite durch diese Tat das Volk. Zu dem Mord entschloss er sich, weil ihn der verhasste Vogt gezwungen hatte, das Leben seines Kindes aufs Spiel zu setzen und ihm einen Apfel vom Kopf zu schießen, eine Strafmaßnahme wegen der Weigerung Tells, Geßlers Hut zu grüßen. Schiller ließ Tell allein handeln und ihn auch der Versammlung auf dem Rütli fernbleiben. In einem Brief an August Wilhelm Iffland erklärte er den Grund dafür: »(…) Die Sache erfordert, dass ich gewisse Handlungen, die zusammengehören, durch alle fünf Akte durchführe und dann erst zu andern übergehe. So z. B. steht Wilhelm Tell selbst ziemlich für sich in diesem Stück, seine Sache ist eine Privatsache und bleibt es, bis sie am Schluss mit der öffentlichen Sache zusammengreift.«

Der »Tell« ist trotz der Idylle der Landschaft keine harmlose Heimatgeschichte. Berge, Täler und See bilden nur den Hintergrund für die dramatischen Ereignisse, die die bisher friedlichen Schweizer Kantone in Unruhe bringen und ihre Freiheit bedrohen.

In der zweiten Szene im zweiten Aufzug treffen sich die Landleute aus Schwyz, Uri und Unterwalden auf dem Rütli. Tell aus Uri fehlt. Schiller beschrieb ein anschauliches Bühnenbild: »Eine Wiese von hohen Felsen und Wald umgeben. Auf den Felsen sind Steige mit Geländern, auch Leitern, von denen man nachher die Landleute herabsteigen sieht. Im Hintergrunde zeigt sich der See, über welchem anfangs ein Mondregenbogen zu sehen ist. Den Prospekt schließen hohe Berge, hinter welchen noch höhere Eisberge ragen. Es ist völlig Nacht auf der Szene, nur der See und die Gletscher leuchten im Mondenlicht. (...)«

Hier oben wird der Bund geschlossen. Die Feierlichkeit des Augenblicks und die Bedeutung der Versammlung für die Landleute werden in den folgenden kurzen Auszügen deutlich:

R e d i n g *(tritt in die Mitte).* Ich kann die Hand nicht auf die Bücher legen,

So schwör ich oben bei den ewgen Sternen,

Dass ich mich nimmer will vom Recht entfernen.

(Man richtet die zwei Schwerter vor ihm auf, der Ring bildet sich um ihn her, Schwyz hält die Mitte, rechts stellt sich Uri und links Unterwalden. Er steht auf sein Schlachtschwert gestützt.)

Was ists, das die drei Völker des Gebirgs

Hier an des Sees unwirtlichem Gestade
Zusammenführte in der Geisterstunde?
Was soll der Inhalt sein des neuen Bundes
Den wir hier unterm Sternenhimmel stiften?
Stauffacher *(tritt in den Ring)*.
Wir stiften keinen neuen Bund, es ist
Ein uralt Bündnis nur von Väter Zeit,
Das wir erneuern! Wisset, Eidgenossen!
Ob uns der See, ob uns die Berge scheiden,
Und jedes Volk sich für sich selbst regiert,
So sind wir *eines* Stammes doch und Bluts,
Und *eine* Heimat ists, aus der wir zogen.
(...)
Rösselmann. Bei diesem Licht, das uns zuerst begrüßt
Von allen Völkern, die tief unter uns
Schweratmend wohnen in dem Qualm der Städte,
Lasst uns den Eid des neuen Bundes schwören.
– Wir wollen sein ein einzig Volk von Brüdern,
In keiner Not uns trennen und Gefahr.
(*Alle sprechen es nach mit erhobenen drei Fingern.*)
– Wir wollen frei sein, wie die Väter waren,
Eher den Tod, als in der Knechtschaft leben. (*Wie oben*)
– Wir wollen trauen auf den höchsten Gott
Und uns nicht fürchten vor der Macht der Menschen.

VIERTER AUFZUG
Dritte Szene
Die hohle Gasse bei Küßnacht
Man steigt von hinten zwischen Felsen herunter, und die
Wanderer werden, ehe sie auf der Szene erscheinen, schon

von der Höhe gesehen. Felsen umschließen die ganze Szene,
auf einem der vordersten ist ein Vorsprung mit Gesträuch
bewachsen.

Te11 *(tritt auf mit der Armbrust)*
Durch diese hohle Gasse muss er kommen,
Es führt kein andrer Weg nach Küßnacht – Hier
Vollend ichs – Die Gelegenheit ist günstig.
Dort der Holunderstrauch verbirgt mich ihm,
Von dort herab kann ihn mein Pfeil erlangen,
Des Weges Enge wehret den Verfolgern.
Mach deine Rechnung mit dem Himmel, Vogt,
Fort musst du, deine Uhr ist abgelaufen.

Ich lebte still und harmlos – Das Geschoss
War auf des Waldes Tiere nur gerichtet,

Meine Gedanken waren rein von Mord –
Du hast aus meinem Frieden mich heraus
Geschreckt, in gärend Drachengift hast du
Die Milch der frommen Denkart mir verwandelt,
Zum Ungeheuren hast du mich gewöhnt –
Wer sich des Kindes Haupt zum Ziele setzte,
Der kann auch treffen in das Herz des Feinds.

Die armen Kindlein, die unschuldigen,
Das treue Weib muss ich vor deiner Wut
Beschützen, Landvogt – Da, als ich den Bogenstrang
Anzog – als mir die Hand erzitterte –
Als du mit grausam teufelischer Lust
Mich zwangst, aufs Haupt des Kindes anzulegen –
Als ich ohnmächtig flehend rang vor dir,
Damals gelobt ich mir in meinem Innern
Mit furchtbarm Eidschwur, den nur Gott gehört,
Dass meines *nächsten* Schusses *erstes* Ziel
Dein Herz sein sollte – Was ich mir gelobt
In jenes Augenblicke Höllenqualen,
Ist eine heilge Schuld, ich will sie zahlen.

Du bist mein Herr und meines Kaisers Vogt,
Doch nicht der Kaiser hätte sich erlaubt,
Was *du* – Er sandte dich in diese Lande,
Um Recht zu sprechen – strenges, denn er zürnet –
Doch nicht, um mit der mörderischen Lust
Dich jedes Gräuels straflos zu erfrechen,
Es lebt ein Gott, zu strafen und zu rächen.

Komm du hervor, du Bringer bittrer Schmerzen,
Mein teures Kleinod jetzt, mein höchster Schatz –
Ein Ziel will ich dir geben, das bis jetzt
Der frommen Bitte undurchdringlich war –
Doch *dir* soll es nicht widerstehn – Und du,
Vertraute Bogensehne, die so oft
Mir treu gedient hat in der Freude Spielen,
Verlass mich nicht im fürchterlichen Ernst.
Nur jetzt noch halte fest, du treuer Strang,
Der mir so oft den herben Pfeil beflügelt –
Entränn er jetzo kraftlos meinen Händen,
Ich habe keinen zweiten zu versenden.
(*Wanderer gehen über die Szene*)
Auf diese Bank von Stein will ich mich setzen,
Dem Wanderer zur kurzen Ruh bereitet –
Denn hier ist keine Heimat – Jeder treibt
Sich an dem andern rasch und fremd vorüber,
Und fraget nicht nach seinem Schmerz – Hier geht
Der sorgenvolle Kaufmann und der leicht
Geschürzte Pilger – der andächtge Mönch,
Der düstre Räuber und der heitre Spielmann,
Der Säumer mit dem schwer beladnen Ross,
Der ferne herkommt von der Menschen Ländern,
Denn jede Straße führt ans End der Welt.
Sie alle ziehen ihres Weges fort
An ihr Geschäft – und meines ist der Mord! (*Setzt sich*)

Sonst wenn der Vater auszog, liebe Kinder,
Da war ein Freuen, wenn er wiederkam,
Denn niemals kehrt er heim, er bracht euch etwas,

Wars eine schöne Alpenblume, wars
Ein seltner Vogel oder Ammonshorn,
Wie es der Wandrer findet auf den Bergen –
Jetzt geht er einem andern Weidwerk nach,
Am wilden Weg sitzt er mit Mordgedanken,
Des Feindes Leben ists, worauf er lauert.
– Und doch an *euch* nur denkt er, liebe Kinder,
Auch jetzt – euch zu verteidgen, eure holde Unschuld
Zu schützen vor der Rache des Tyrannen,
Will er zum Morde jetzt den Bogen spannen! (*Steht auf*)

Ich laure auf ein edles Wild – Lässt sichs
Der Jäger nicht verdrießen, tagelang
Umherzustreifen in des Winters Strenge,
Von Fels zu Fels den Wagesprung zu tun,
Hinanzuklimmen an den glatten Wänden,
Wo er sich anleimt mit dem eignen Blut,
– Um ein armselig Grattier zu erjagen.
Hier gilt es einen köstlicheren Preis,
Das Herz des Todfeinds, der mich will verderben.
(Man hört von ferne eine heitre Musik, welche sich nähert)

Mein ganzes Leben hab ich den Bogen
Gehandhabt, mich geübt nach Schützenregel,
Ich habe oft geschossen in das Schwarze
Und manchen schönen Preis mir heimgebracht
Vom Freudenschießen – Aber heute will ich
Den *Meisterschuss* tun und das Beste mir
Im ganzen Umkreis des Gebirgs gewinnen.

Um die Schweizer Bergwelt anschaulich schildern zu können, las Schiller viele Bücher und beklebte seine Wände mit Landkarten. Goethe, der ihm obendrein viele Fragen beantworten konnte, beschrieb, was Schiller leistete: »(...) Nachdem er alles Material zusammengebracht hatte, setzte er sich über die Arbeit und buchstäblich genommen stand er nicht eher vom Platze auf, bis der ›Tell‹ fertig war. Überfiel ihn Müdigkeit, so legte er den Kopf unter den Arm und schlief. Sobald er wieder erwachte, ließ er sich nicht, wie ihm fälschlich nachgesagt worden, Champagner, sondern starken schwarzen Kaffee bringen, um sich munter zu halten. So wurde der ›Tell‹ in sechs Wochen fertig; er ist aber auch wie aus einem Guss.«

Gedichte und Lieder

Nicht alles ist aus einem Guss, was aus Schillers Feder stammt. Er kann uns erschrecken mit Pathos, Schwulst und seinem Abgehobensein von allem Irdischen, kann uns überfordern mit griechischen Idealen, klassischen Begriffen und Mythen, auch mit den überlangen Balladen. Körner sprach einmal davon, dass Schiller die »Produkte der Phantasie für den Verstand würzte«. Das stört oft, viel zu oft. Aber trotz allem, seine Meisterschaft wollen wir ihm auf keinen Fall absprechen. Schiller war ein großer Dichter, und das zeigt sich auch oder besonders in den kleinen Gedichten. Einige davon wollen wir beachten und dazu ein paar Lieder und Rätsel.

Wohl mit einer gewissen Wehmut mag er die Verse vom betrogenen Poeten aufgeschrieben haben, eigene Erfahrungen mit den täglichen Sorgen und Mühen um ausreichende Geldmittel oder Besitz bedenkend. Da ist vom Dichter die Rede, der nicht zugegen war, als Gott die Güter verteilte und die Mitmenschen ihre Gier befriedigten. Ein anderer, der Pilger, ist auf dem Irrweg und kommt an den Strom, der »nach Morgen«, das heißt in die morgenländischen Gegenden mit fremden Religionen fließt. In seinen Wellen treibt der Pilger weiter. Das Ziel findet er aber nicht, gewinnt keine für ihn gültige Erkenntnis.

DIE TEILUNG DER ERDE

»Nehmt hin die Welt!«, rief Zeus von seinen Höhen
    Den Menschen zu. »Nehmt, sie soll euer sein!
Euch schenk ich sie zum Erb und ewgen Lehen,
    Doch teilt euch brüderlich darein!«

Da eilt, was Hände hat, sich einzurichten,
    Es regte sich geschäftig Jung und Alt.
Der Ackermann griff nach des Feldes Früchten,
    Der Junker birschte durch den Wald.

Der Kaufmann nimmt, was seine Speicher fassen,
    Der Abt wählt sich den edeln Firnewein,
Der König sperrt die Brücken und die Straßen
    Und sprach: »Der Zehente ist mein.«

Ganz spät, nachdem die Teilung längst geschehen,
    Naht der Poet, er kam aus weiter Fern;
Ach! da war überall nichts mehr zu sehen,
    Und alles hatte seinen Herrn!

»Weh mir! So soll denn ich allein von allen
    Vergessen sein, ich, dein getreuster Sohn?«
So ließ er laut der Klage Ruf erschallen
    Und warf sich hin vor Jovis Thron.

»Wenn du im Land der Träume dich verweilet«,
    Versetzt der Gott, »so hadre nicht mit mir.

Wo warst du denn, als man die Welt geteilet?« –
»Ich war«, sprach der Poet, »bei dir.

Mein Auge hing an deinem Angesichte,
    An deines Himmels Harmonie mein Ohr –
Verzeih dem Geiste, der, von deinem Lichte
    Berauscht, das Irdische verlor!«

»Was tun?«, spricht Zeus. »Die Welt ist weggegeben,
    Der Herbst, die Jagd, der Markt ist nicht mehr mein.
Willst du in meinem Himmel mit mir leben:
    So oft du kommst, er soll dir offen sein.«

DER PILGRIM

Noch in meines Lebens Lenze
    War ich, und ich wandert aus,
Und der Jugend frohe Tänze
    Ließ ich in des Vaters Haus.

All mein Erbteil, meine Habe
    Warf ich fröhlich glaubend hin,
Und am leichten Pilgerstabe
    Zog ich fort mit Kindersinn.

Denn mich trieb ein mächtig Hoffen
    Und ein dunkles Glaubenswort,
»Wandle«, riefs, »der Weg ist offen,
    Immer nach dem Aufgang fort.

Bis zu einer goldnen Pforten
   Du gelangst, da gehst du ein,
Denn das Irdische wird dorten
   Himmlisch unvergänglich sein.«

Abend wards und wurde Morgen,
   Nimmer, nimmer stand ich still,
Aber immer bliebs verborgen,
   Was ich suche, was ich will.

Berge lagen mir im Wege,
   Ströme hemmten meinen Fuß,
Über Schlünde baut ich Stege,
   Brücken durch den wilden Fluss.

Und zu eines Stroms Gestaden
   Kam ich, der nach Morgen floss,
Froh vertrauend seinem Faden,
   Werf ich mich in seinen Schoß.

Hin zu einem großen Meere
   Trieb mich seiner Wellen Spiel,
Vor mir liegts in weiter Leere,
   Näher bin ich nicht dem Ziel.

Ach, kein Steg will dahin führen,
   Ach, der Himmel über mir
Will die Erde nie berühren,
   Und das Dort ist niemals Hier!

Wie das Gedicht »Der Pilgrim« sind auch die folgenden Verse wie ein geheimnisvolles Lied, erinnern an zarte musikalische Klänge. Wer ist das Mädchen aus der Fremde? Wir müssen es nicht wissen. Es liegt ein Reiz in der verweigerten Erklärung, ein Reiz auch in der lyrischen Schilderung der Traurigkeit des vergeblichen Wartens und der Sehnsucht, die der Knabe am See empfindet. Sie ist die ewige Sehnsucht aller jungen Menschen. Diese schönen Verse sollen nicht die Wirklichkeit eines Erlebnisses schildern, sondern sie verweisen ins Reich der Träume und in die bessere Welt der Phantasie. Schiller schuf Bilderwelten, ein Poet des Alltagserlebens war er selten.

DAS MÄDCHEN AUS DER FREMDE

In einem Tal bei armen Hirten
Erschien mit jedem jungen Jahr,
Sobald die ersten Lerchen schwirrten,
Ein Mädchen, schön und wunderbar.

Sie war nicht in dem Tal geboren,
Man wusste nicht, woher sie kam,
Und schnell war ihre Spur verloren,
Sobald das Mädchen Abschied nahm.

Beseligend war ihre Nähe,
Und alle Herzen wurden weit,
Doch eine Würde, eine Höhe
Entfernte die Vertraulichkeit.

Sie brachte Blumen mit und Früchte,
Gereift auf einer andern Flur,
In einem andern Sonnenlichte,
In einer glücklichern Natur.

Und teilte jedem eine Gabe,
Dem Früchte, jenem Blumen aus,
Der Jüngling und der Greis am Stabe,
Ein jeder ging beschenkt nach Haus.

Willkommen waren alle Gäste,
Doch nahte sich ein liebend Paar,
Dem reichte sie der Gaben beste,
Der Blumen allerschönste dar.

DER JÜNGLING AM BACHE

An der Quelle saß der Knabe,
    Blumen wand er sich zum Kranz,
Und er sah sie fortgerissen
    Treiben in der Wellen Glanz.
Und so fliehen meine Tage
    Wie die Quelle rastlos hin!
Und so bleichet meine Jugend,
    Wie die Kränze schnell verblühn!

Fraget nicht, warum ich traure
    In des Lebens Blütezeit!
Alles freuet sich und hoffet,

Wenn der Frühling sich erneut.
Aber diese tausend Stimmen
    Der erwachenden Natur
Wecken in dem tiefen Busen
    Mir den schweren Kummer nur.

Was soll mir die Freude frommen,
    Die der schöne Lenz mir beut?
Eine nur ists, die ich suche,
    Sie ist nah und ewig weit.
Sehnend breit ich meine Arme
    Nach dem teuren Schattenbild;
Ach, ich kann es nicht erreichen,
    Und das Herz bleibt ungestillt.

Komm herab, du schöne Holde,
    Und verlass dein stolzes Schloss!
Blumen, die der Lenz geboren,
    Streu ich dir in deinen Schoß.
Horch, der Hain erschallt von Liedern
    Und die Quelle rieselt klar!
Raum ist in der kleinsten Hütte
    Für ein glücklich liebend Paar.

Viele Gedichte Schillers sind vertont worden, einige sogar von seinem Freund Körner, andere von Karl Friedrich Zelter. »Der Jüngling am Bache« wurde erstmals in einem Liederbuch veröffentlicht, in den »Gesängen mit Begleitung der Chitarra, eingerichtet von Wilhelm Ehlers«. So hieß das bei

*Cotta im Jahr 1804 herausgegebene Buch. Das Gedicht hatte
darin den Titel »Liebesklage«.
Auch die folgenden Gedichte verfasste Schiller bewusst als
Lieder. Sie sind Teil des Dramas »Wilhelm Tell«.
Vor dem Eingangslied gleich in der ersten Szene des ersten
Aktes gibt die Landschaftsbeschreibung des Bühnenbildes
den Eindruck einer Idylle wieder. Wir wissen schon, dass
diese friedliche Welt durch die politischen Ereignisse, durch
den Kampf gegen die fremde Herrschaft bedroht ist. Aber
zunächst ist noch nichts davon zu spüren. Der Fischerknabe
im Kahn und die Hirten auf dem Berg sind heiter wie ihre
Umwelt und singen. Nach dem Lied des kühnen Alpenjägers
verändert sich aber die Landschaft, ein Sturm kommt auf,
die Idylle wird symbolisch zerstört.*

Fischerknabe

Es lächelt der See, er ladet zum Bade,
Der Knabe schlief ein am grünen Gestade,
    Da hört er ein Klingen,
    Wie Flöten so süß,
    Wie Stimmen der Engel
    Im Paradies.
Und wie er erwachet in seliger Lust,
Da spülen die Wasser ihm in die Brust,
    Und es ruft aus den Tiefen:
    Lieb Knabe, bist m e i n!
    Ich locke den Schläfer,
    Ich zieh ihn hinein.

Hirte

Ihr Matten lebt wohl,
Ihr sonnigen Weiden!
Der Senne muss scheiden,
Der Sommer ist hin.
   Wir fahren zu Berg, wir kommen wieder,
   Wenn der Kuckuck ruft, wenn erwachen die Lieder,
   Wenn mit Blumen die Erde sich kleidet neu,
   Wenn die Brünnlein fließen im lieblichen Mai.
Ihr Matten lebt wohl,
Ihr sonnigen Weiden!
Der Senne muss scheiden,
Der Sommer ist hin.

Alpenjäger

Es donnern die Höhen, es zittert der Steg.
Nicht grauet dem Schützen auf schwindlichtem Weg,
   Er schreitet verwegen
   Auf Feldern von Eis,
   Da pranget kein Frühling,
   Da grünet kein Reis;
Und unter den Füßen ein neblichtes Meer,
Erkennt er die Städte des Menschen nicht mehr,
   Durch den Riss nur der Wolken
   Erblickt er die Welt,
   Tief unter den Wassern
   Das grünende Feld.

In einer Regieanweisung beschreibt Schiller, was nun geschieht: »Die Landschaft verändert sich, man hört ein dumpfes Krachen von den Bergen, Schatten von Wolken laufen über die Gegend.«
Dunkle Wolken liegen auch über Tells Haus, auch hier ist die Idylle bedroht. Aber noch singt Tells Sohn Walther, der auch einmal ein guter Schütze werden will, unbekümmert sein Lied. Noch muss er sich nicht um den Vater sorgen, noch muss der nicht den Apfel auf Walthers Kopf treffen. – Auch dieses Lied wurde vertont und wie ein Volkslied bekannt und gesungen.

JÄGERLIEDCHEN

Mit dem Pfeil, dem Bogen
    Durch Gebirg und Tal
Kommt der Schütz gezogen,
    Früh im Morgenstrahl.

Wie im Reich der Lüfte
    König ist der Weih,
Durch Gebirg und Klüfte
    Herrscht der Schütze frei.

Ihm gehört das Weite,
    Was sein Pfeil erreicht,
Das ist seine Beute,
    Was da kreucht und fleucht.

Nun wollen wir zur Abwechslung mal einige Rätsel lösen. Das macht Spaß. Jedenfalls hatten die Zuschauer des Weimarer Theaters ihr Vergnügen, als sie die ersten drei Rätsel während der Uraufführung der Tragikomödie »Turandot« des Italieners Carlo Gozzi hörten. Dieser war ein Zeitgenosse Schillers, der sein Stück für das Weimarer Theater bearbeitet hatte. Es bot wirklich tragische Ereignisse. Eine wunderschöne chinesische Prinzessin wollte nur einen Freier zum Mann, der drei Rätsel lösen konnte. Wer es nicht konnte, verlor seinen Kopf. So grausam war die junge Dame. Endlich gelang es einem Prinzen, die Rätsel zu lösen. Doch die Prinzessin war enttäuscht. Der Prinz hatte Mitleid mit ihr und bot ihr an, auf die Ehe zu verzichten, wenn sie seinen Namen erraten könne. Sie wendete grausame Methoden an, folterte den Vater und den Erzieher des Prinzen, erfuhr den Namen durch Verrat und heiratete den Prinzen schließlich doch. Der ursprünglich orientalische Turandot-Stoff wurde übrigens vielfach bearbeitet und regte auch die italienischen Komponisten Busoni und Puccini an.

Die Weimarer Uraufführung vom 30. Januar 1802 begeisterte das Publikum wenig, am besten gefielen die Rätsel. In jeder weiteren Aufführung wurden drei neue angeboten. Schiller hatte für diesen Zweck viele Rätsel gesammelt, und es machte ihm Freude, sie in poetische, spannende Strophen zu fassen, die den Zuhörer neugierig auf die Lösung machten.

Kennst du das Bild auf zartem Grunde,
  Es gibt sich selber Licht und Glanz.
Ein andres ists zu jeder Stunde,

Und immer ist es frisch und ganz.
Im engsten Raum ists ausgeführet,
    Der kleinste Rahmen fasst es ein,
Doch alle Größe, die dich rühret,
    Kennst du durch dieses Bild allein.
Und kannst du den Kristall mir nennen,
    Ihm gleicht an Wert kein Edelstein,
Er leuchtet, ohne je zu brennen,
    Das ganze Weltall saugt er ein.
Der Himmel selbst ist abgemalet
    In seinem wundervollen Ring,
Und doch ist, was er von sich strahlet,
    Noch schöner, als was er empfing.

Dies zarte Bild, das in den kleinsten Rahmen
Gefasst, das Unermessliche uns zeigt,
Und der Kristall, in dem dies Bild sich malt,
Und der noch Schönres von sich strahlt,
Er ist das *Aug*, in das die Welt sich drückt,
Dein Auge ists, wenn es mir Liebe blickt.

* * *

Wie heißt das Ding, das wenige schätzen,
Doch ziers des größten Kaisers Hand,
Es ist gemacht, um zu verletzen,
Am nächsten ists dem Schwert verwandt.

Kein Blut vergießts und macht doch tausend Wunden,
Niemand beraubts und macht doch reich,

Es hat den Erdkreis überwunden,
Es macht das Leben sanft und gleich.

Die größten Reiche hats gegründet,
Die ältsten Städte hats erbaut,
Doch niemals hat es Krieg entzündet,
Und Heil dem Volk, das ihm vertraut!

Das Ding von Eisen, das nur wenge schätzen,
Das Chinas Kaiser selbst in seiner Hand
Zu Ehren bringt am ersten Tag des Jahrs,
Dies Werkzeug, das unschuldger als das Schwert
Dem frommen Fleiß den Erdkreis unterworfen –
Wer träte aus den öden, wüsten Steppen
Der Tartarei, wo nur der Jäger schwärmt,
Der Hirte weidet, in *dies* blühende Land
Und sähe rings die Saatgefilde grünen
Und hundert volkbelebte Städte steigen,
Von friedlichen Gesetzen still beglückt,
Und ehrte nicht das köstliche Geräte,
Das allen diesen Segen schuf – den *Pflug*?

* * *

Zwei Eimer sieht man ab und auf
   In einen Brunnen steigen,
Und schwebt der eine voll herauf,
   Muss sich der andre neigen.
Sie wandern rastlos hin und her,
Abwechselnd voll und wieder leer,

Und bringst du diesen an den Mund,
Hängt jener in dem tiefsten Grund,
   Nie können sie mit ihren Gaben
   In gleichem Augenblick dich laben.

* * *

Auf einer großen Weide gehen
   Viel tausend Schafe silberweiß,
Wie wir sie heute wandeln sehen,
   Sah sie der aller älteste Greis.

Sie altern nie und trinken Leben
   Aus einem unerschöpften Born,
Ein Hirt ist ihnen zugegeben
   Mit schön gebognem Silberhorn.

Er treibt sie aus zu goldnen Toren,
   Er überzählt sie jede Nacht,
Und hat der Lämmer keins verloren,
   Sooft er auch den Weg vollbracht.

Ein treuer Hund hilft sie ihm leiten,
   Ein muntrer Widder geht voran.
Die Herde, kannst du sie mit deuten?
   Und auch den Hirten zeig mir an.

*Sind es schwierige Rätsel? Besonders das vorletzte? Wollte
Schiller etwa eine technische Bezeichnung als Lösung? Die
Umlenkrolle, über die ein Seil läuft? Das ist zu einfach. Wel-*

196

che Symbolik versteckt sich also in diesem Gedicht? Sonne und Mond, die nie gleichzeitig am Himmel leuchten – das gefällt mir besser.

Und im letzten Rätsel ist es der »Hirte« Mond, der die »Herde« der Sterne bewacht.

Nimm doch Schiller!

Wie heißt es in dem Gedicht »Der Jüngling am Bache«? –
»Raum ist in der kleinsten Hütte.« Diesen Ausspruch hören
wir oft. Wie sein Dichterfreund Goethe gehört Schiller zu
den Hauptlieferanten für Fertigbauteile unserer Sprache, wie
ich es ausdrücken möchte. Jeder von uns bedient sich tagtäg-
lich vorgefertigter Sätze, die er tausendfach gehört und abge-
speichert hat und nun jederzeit abrufen kann. Einerseits ist
das sehr praktisch. Wenn man ein Zitat benutzt, muss man
nicht selber formulieren und die Gesprächspartner verstehen
schnell, was gemeint ist.
Ob es den Dichtungen und den Dichtern gut bekommt, ist
jedoch eine andere Sache. Und ganz bestimmt tut ihnen die
Verwitzung und Verfremdung von Klassiker-Zitaten nicht
gut, die heutzutage anscheinend zu einem modernen Journa-
lismus gehört. Die Zeitungsschreiber lernen offensichtlich in
der Ausbildung, dass der Leser mit Überschriften verlockt
werden soll, die ein abgewandeltes Zitat wiedergeben. Oft
passt der Inhalt des Artikels nicht einmal dazu, aber egal,
man darf schon beim Frühstück seinen Geist anstrengen und
raten. Aha, das ist von Schiller, dachte ich, als ich las: »Ich
kenne meine Rüdesheimer.« Aber nein, es ist ja nicht exakt
von Schiller. Im »Wallenstein« heißt es doch: »Ich kenne
meine Pappenheimer.« Ich könnte viele andere Beispiele
nennen. Zahlreich sind die Abwandlungen von Wilhelm
Tells berühmt gewordener Aussage: »Es kann der Frömmste
nicht in Frieden leben, wenn es dem bösen Nachbarn nicht
gefällt.« Ein weiser Satz, bei jedem Nachbarschaftskonflikt

übernommen und zudem brauchbar als Schlagertext: »Es
kann der Frömmste nicht in Frieden leben, wenn ihm die
schöne Nachbarin gefällt.«

Als Kinder hatten wir Spass an den scherzhaft abgewandel-
ten Zitaten, beispielsweise daran: »Was willst du mit dem
Dolche, sprich! Kartoffeln schälen, verstehst du mich?«
Oder: »Durch diese hohle Gasse muss er kommen. Es führt
kein andrer Weg zum Küssen.« Dass es heißen musste:
»nach Küßnacht«, begriffen wir erst, als wir in der Schule
den »Wilhelm Tell« behandelten.

Ein Herr Büchmann hat sich im neunzehnten Jahrhundert
damit hervorgetan, für die gebildeten Bürger aus den Wer-
ken der Dichter geeignete Sätze herauszusuchen (im »Lied
von der Glocke« fand er sogar mehr als vierzig) und diese
Splitter in seinem dicken Zitatenbuch zu veröffentlichen.
Die Bürger bedienten sich gern – und das dauert fort: Noch
heute kann man Büchmanns »Geflügelte Worte« in jeder
Buchhandlung kaufen.

Frei nach Schiller biete ich nun eine Szene an, die nur aus
Zitaten aus seinen Werken zusammengesetzt ist. Die Aus-
sprüche sind in zwei oder drei Fällen ganz geringfügig ver-
ändert. Kurze Situationsschilderung: Drei Freunde wollen
frühmorgens gemeinsam ausreiten, einer verspätet sich aber.

DER BETROGENE EHEMANN

(*Hans klopft an die Haustür, Karl öffnet.*)
Hans: Da steh ich!
Karl: (*nickt mit ernster Miene*)
          Ja, der Tag bricht an.

Hans: (*scherzend*)

　　　Früh übt sich, was ein Meister werden will.

(*Karl schweigt.*)

Hans:　So ernst, mein Freund?

　　　Ich kenne dich nicht mehr.

Karl:　Johanna ging, und niemals kehrt sie wieder.

　　　Ausgestritten, ausgerungen ist der lange schwere Streit.

Hans:　Der (Ehe)krieg verschlingt die Besten.

　　　Aber was man nicht aufgibt, hat man nie verloren.

Karl:　Franz heißt die Kanaille.

Hans:　Er ist besser als sein Ruf.

Karl:　Du red'st, wie du's verstehst.

Hans:　Wer besitzt, der lerne verlieren.

(*Eine Frau geht durch den Garten. Hans schaut ihr in größter Verwunderung nach.*)

Hans: (*mit Ironie und Kopfschütteln*)

　　　Beim wunderbaren Gott, das Weib ist schön!

　　　Wie kam dir solcher Glanz in deine Hütte?

Karl: (*fast entschuldigend*)

　　　Ich hab getan, was ich nicht lassen konnte.

　　　Ich habe genossen das irdische Glück.

Hans: (*mit übertriebenem Seufzen*)

　　　Der Wahn ist kurz, die Reue ist lang.

　　　Verstand ist stets bei wenigen nur gewesen.

Karl: (*trotzig*)

　　　Wo alles liebt, kann Karl allein nicht hassen.

(*Nun wiehern die Pferde, und die Männer warten schweigend auf den dritten Reiter, der schließlich erscheint und absteigt.*)

Peter: (*mit absichtlich übertriebenem Pathos*)
        Ich sei, gewährt mir die Bitte,
        in eurem Bunde der Dritte.

Hans: (*vorwurfsvoll*)
        Donner und Doria! Deine Uhr ist abgelaufen!
        Spät kommst du, doch du kommst!

Peter: Die Jahre fliehen pfeilgeschwind.

(*Er klopft Karl voller Mitleid auf die Schulter.*)
        Drinnen waltet keine züchtige Hausfrau mehr?

Hans: Ein süßer Trost ist ihm geblieben.

Peter: Alles wiederholt sich im Leben.

(*Die Frau nähert sich*)

Peter: (*fassungslos*)
        Was? Der Blitz!
        Das ist ja die Gustel aus Blasewitz.

Karl: Wohlauf, Kameraden, aufs Pferd, aufs Pferd!

Gustel: (*schmollend*)
        So willst du treulos von mir scheiden?

Karl: (*verärgert*)
        Wär's möglich? Könnt ich nicht mehr, wie ich
        wollte?

Gustel: Der brave Mann denkt an sich selbst zuletzt.

(*Karl umarmt und küsst sie.*)

Peter: (*scheinbar gerührt*)
        In den Armen liegen sich beide.

Hans: (*ungeduldig*)
        Aufs Pferd, aufs Pferd!

(*Die Reiter galoppieren davon.*)

Gustel: (*spöttisch*)
        Wehe, wenn sie losgelassen!

Das soll eine triviale Geschichte sein? Aber wieso denn? Es stammt jedoch jeder Satz von Schiller. Na gut, auch ich mag die Sätze lieber, wenn ich sie im Zusammenhang von Schillers Stücken lese.

Bevor ich wieder ernste Literatur anbiete, möchte ich noch erwähnen, dass das wohl bekannteste Zitat aus dem Werk Goethes auch Schiller vertraut war. Als der Bibliothekar Reinwald ihn darauf hinwies, dass ein anderer Leser auf die nicht zurückgebrachten Bücher warte, antwortete er: »Der kann mich – lecken.« Wir wenden diesen Ausspruch des Götz von Berlichingen noch heute an, und zwar ohne Auslassung, stimmt's?

Wir bleiben noch bei dem Thema »Nimm doch Schiller«. Die Abgeordneten des Parlaments, das 1848 in der Frankfurter Paulskirche tagte, wussten sehr genau, warum sie den Dichter Friedrich Schiller zitierten. Sie wollten mit den Worten des Marquis Posa aus dem »Don Carlos« ihre Reife für eine moderne Demokratie beweisen und machten Schillers Pathos sozusagen zur Parlamentssprache. Sie bezogen sich auf die berühmte Szene aus dem dritten Akt, zehnter Aufzug, wo der Marquis dem Herrscher Philipp II. mutig gegenübertritt und die Freiheit des Denkens fordert. Diese Sätze wurden auch beim Volk beliebt und oft zitiert. Das war eine Handlung des inneren Aufbegehrens gegen die Obrigkeit im zersplitterten Deutschland, das von mehr als dreißig machtbesessenen Landesherren regiert wurde. So waren die Zustände, die auch der Freiheitsdichter Karl Theodor Körner, der Sohn von Schillers Freund Gottfried Körner, in seinen Freiheitsliedern beklagte.

Wie bereits gesagt, der eigentliche Held des Stückes »Don Carlos« ist Marquis Posa. Jetzt werden wir ihn kennen lernen.

K ö n i g . Ihr hattet mir noch mehr zu sagen.
M a r q u i s . Sire!
    Jüngst kam ich an von Flandern und Brabant. –
    So viele reiche, blühende Provinzen!
    Ein kräftiges, ein großes Volk – und auch
    Ein gutes Volk – und Vater dieses Volkes!
    Das, dacht ich, das muss göttlich sein! – Da stieß
    Ich auf verbrannte menschliche Gebeine –
    (Hier schweigt er still; seine Augen ruhen auf dem König, der es versucht, diesen Blick zu erwidern, aber betroffen und verwirrt zur Erde sieht.)
    Sie haben Recht. *Sie* müssen. Dass Sie *können*,
    Was Sie zu müssen eingesehn, hat mich
    Mit schaudernder Bewunderung durchdrungen.
    O schade, dass, in seinem Blut gewälzt,
    Das Opfer wenig dazu taugt, dem Geist
    Des Opferers ein Loblied anzustimmen!
    Dass Menschen nur – nicht Wesen höhrer Art –
    Die Weltgeschichte schreiben! – Sanftere
    Jahrhunderte verdrängen Philipps Zeiten;
    Die bringen mildre Weisheit; Bürgerglück
    Wird dann versöhnt mit Fürstengröße wandeln,
    Der karge Staat mit seinen Kindern geizen,
    Und die Notwendigkeit wird menschlich sein.
K ö n i g . Wann, denkt Ihr, würden diese menschlichen
    Jahrhunderte erscheinen, hätt ich vor

Dem Fluch des jetzigen gezittert? Sehet
In meinem Spanien Euch um. Hier blüht
Des Bürgers Glück in nie bewölktem Frieden;
Und *diese Ruhe* gönn ich den Flamändern.
M a r q u i s (*schnell*). Die Ruhe eines Kirchhofs!
Und Sie hoffen
Zu endigen, was Sie begannen? Hoffen,
Der Christenheit gezeitigte Verwandlung,
Dem allgemeinen Frühling aufzuhalten,
Der die Gestalt der Welt verjüngt? *Sie* wollen
Allein in ganz Europa – sich dem Rade
Des Weltverhängnisses, das unaufhaltsam
In vollem Laufe rollt, entgegenwerfen?
Mit Menschenarm in seine Speichen fallen?
Sie werden nicht! Schon flohen Tausende
Aus Ihren Ländern froh und arm. Der Bürger,
Den Sie verloren für den Glauben, war
Ihr edelster. Mit offenen Mutterarmen
Empfängt die Fliehenden Elisabeth,
Und fruchtbar blüht durch Künste unsres Landes
Britannien. Verlassen von dem Fleiß
der neuen Christen, liegt Grenada öde,
Und jauchzend sieht Europa seinen Feind
An selbst geschlagnen Wunden sich verbluten.
(*Der König ist bewegt; der Marquis bemerkt es und tritt
einige Schritte näher.*)
Sie wollen pflanzen für die Ewigkeit
Und säen Tod? Ein so erzwungnes Werk
Wird seines Schöpfers Geist nicht überdauern.
Dem Undank haben Sie gebaut – umsonst

Den harten Kampf mit der Natur gerungen,
Umsonst ein großes königliches Leben
Zerstörenden Entwürfen hingeopfert.
Der Mensch ist mehr, als Sie von ihm gehalten.
Des langen Schlummers Bande wird er brechen
Und wiederfordern sein geheiligt Recht.
Zu einem *Nero* und *Busiris* wirft
Er Ihren Namen, und – das schmerzt mich; denn
Sie waren gut.
König. Wer hat Euch dessen so
Gewiss gemacht?
Marquis (mit Feuer). Ja, beim Allermächtigen!
Ja – ja – ich wiederhole es. Geben Sie,
Was Sie uns nahmen, wieder! Lassen Sie
Großmütig wie der Starke, Menschenglück
Aus Ihrem Füllhorn strömen – Geister reifen
In Ihrem Weltgebäude! Geben Sie,
Was Sie uns nahmen, wieder. Werden Sie
Von Millionen Königen ein König.
(Er nähert sich ihm kühn, indem er feste und feurige Blicke auf ihn richtet.)
O, könnte die Beredsamkeit von allen
Den Tausenden, die dieser großen Stunde
Teilhaftig sind, auf meinen Lippen schweben,
Den Strahl, den ich in diesen Augen merke,
Zur Flamme zu erheben! – Geben Sie
Die unnatürliche Vergöttrung auf,
Die uns vernichtet. Werden Sie uns Muster
Des Ewigen und Wahren. Niemals – niemals
Besaß ein Sterblicher so viel, so göttlich

Es zu gebrauchen. Alle Könige
Europens huldigen dem spanschen Namen.
Gehn Sie Europens Königen voran.
Ein Federzug von dieser Hand, und neu
Erschaffen wird die Erde. Geben Sie
Gedankenfreiheit. – *(Sich ihm zu Füßen werfend)*

Auch der mutige Ausspruch des Marquis Posa: »Ich kann nicht Fürstendiener sein« wurde berühmt und oft zitiert.

Wieder in Weimar

Wenn überhaupt ein Mensch Schiller in seiner ganzen Bedeutung würdigen konnte, dann war es Goethe, der in einem Entwurf für ein Festspiel zu Ehren des verstorbenen Freundes schrieb: »Seine durchwachten Nächte / Haben unseren Tag erhellt (…)«

Dieser schöne Vers wirft nicht nur ein Licht auf Schillers hohe Stellung in der Literatur, sondern auch auf seine Arbeitsweise. Er bevorzugte die dunklen, einsamen Nächte, obwohl er nicht mehr, wie einst in der Akademie, dazu gezwungen war. Nachts ging die Arbeit am besten voran, er war ungestört und möglicherweise besonders inspiriert. Aber er schadete seiner ohnehin angegriffenen Gesundheit. Immer wieder klagte er über gesundheitliche Beschwerden, die bekannten Schmerzen quälten ihn und hinderten ihn an der Weiterarbeit an seinen Dramen. Am Schreibtisch und am Stehpult schrieb er trotz seiner Schwäche innerhalb von neun Jahren die fünf großen Werke »Wallenstein« (eine Trilogie), »Maria Stuart«, »Die Jungfrau von Orleans«, »Die Braut von Messina« und den »Wilhelm Tell«, dazu Balladen, Gedichte und vieles andere mehr, wozu natürlich auch die umfangreiche Korrespondenz gehört.

Schiller stand, trotz vieler Krisen und Selbstzweifel, unter einem Arbeitszwang. Er war oft unglücklich, wenn er ein Werk abgeschlossen und für die Bühne freigegeben hatte. So schrieb er vor der Uraufführung des »Wallenstein« in Weimar an Goethe, er befände sich in dieser Freiheit schlimmer als in der bisherigen Sklaverei. »Die Masse, die mich bisher anzog und festhielt, ist nun auf einmal weg, und mir dünkt, als wenn ich bestimmungslos im luftleeren Raum hinge.« Aber schon einen Tag später konnte er dem Freund mitteilen, dass er angefangen habe, sich mit dem Stoff zu »Maria Stuart« zu befassen. Außerdem, das darf nicht vergessen werden, musste er Frau und Kinder ernähren. Erst in seinen letzten Lebensjahren konnte der Dichter, was seine finanziellen Mittel anging, etwas aufatmen.

Schon nach der Rückkehr aus Schwaben, wo der älteste Sohn Karl geboren wurde und wo Schiller Eltern, Verwandte und Freunde wiedergesehen hatte, gelang es ihm, in Jena ein Gartenhaus zu erwerben, weil ihm sein neuer Verleger Cotta einen Vorschuss von 600 Talern gab. Glücklich schrieb er am 2. Mai 1797, dem Einzugstag, an Goethe, dass ihn eine schöne Landschaft umgebe und dass die Nachtigallen schlügen. »Alles um mich herum erheitert mich und mein erster Abend auf dem eigenen Grund und Boden ist von der fröhlichsten Vorbedeutung.« Dann wurde in dem Garten viel gebaut, damit die Familie und die Bediensteten dort Platz fanden, und in den Sommermonaten lebte man zwischen Wiesen und Obstgärten. Im Jahr 1799 verließ der nun vierzig Jahre alte Schiller Jena, nur im Frühling 1801 zog er noch einmal vorübergehend in sein Gartenhaus, um an der »Jungfrau von Orleans« zu arbeiten.

Seitdem er sich erneut der Dichtung zugewandt hatte, wünschte er sich, wieder in Weimar zu leben. Goethe fand für ihn eine Wohnung und der Herzog Karl August genehmigte ihm zusätzliche 200 Taler. Der Umzug konnte aber erst nach der Geburt des dritten Kindes, einer Tochter, und nach der Erholung seiner Frau stattfinden. Acht Wochen lang sorgte sich Schiller um Charlottes Gesundheit.

Dann war er wieder in Weimar und er blieb dort für immer. Er reiste nicht mehr oft und nicht weit. Nun war er nahe bei Goethe, wenn der nicht verreist war, und die Boten hatten es nicht mehr so weit, wenn die Freunde Briefe austauschten. Die Frauen der beiden befreundeten sich jedoch nicht. Goethe hatte viel Sympathie für Charlotte von Lengefeld, die er schon gekannt hatte, bevor Schiller ihr begegnete. Das Ehepaar Schiller aber verstand nicht, was Goethe an seiner Christiane fand. Sie war nicht adelig geboren, doch gewiss nicht dümmer als Charlotte. Zutritt zum Hof hatten beide nicht, auch Charlotte nicht mehr, aber als der Herzog für ihren Friedrich im Jahr 1802 den Adelsbrief mit der Unterschrift des Wiener Kaisers kaufte, gehörte auch sie wieder zur höfischen Gesellschaft. Das prächtige Reichs-Adels-Diplom zählt die »seltnen Verdienste« Schillers auf. Bleibt nur zu hoffen, dass man diese in Wien tatsächlich schätzte und nicht nur das Geld, das der Herzog für das Diplom zahlte: »(…) So haben Wir demnach, in gnädigster Rücksicht auf die ehrerbietigsten Wünsche Seiner des Herzogs zu Sachsen-Weimar Liebden wie auch auf oben angeführte aufgezeichnete seltne Verdienste, mit wohlbedachtem Mute, gutem Rate und rechtem Wissen, ihm, Johann Christoph Friedrich Schiller, die kaiserliche Gnade getan und ihn sammt seinen ehelichen Leibeserben und derselben Erbeserben, beiderlei Geschlechts, in gerader Linie absteigenden Stammes in des heiligen römischen Reichs Adelstand gnädigst erhoben.«

Ein besonderes Ereignis für die größer gewordene Familie war der Kauf eines Hauses in Weimar im März 1802. Es kostete 4200 Taler und Schiller finanzierte es teilweise mit dem Darlehen des Verlegers Cotta von 1485 Reichstalern. Schillers Schwiegermutter lieh eine Summe von 600 Talern zu vier Prozent Zinsen. Heute ist das Haus zu besichtigen. Es liegt sehr zentral an der Esplanade. Damals war es umgeben von Feldern und Wiesen.

Das Leben in Weimar war nicht billig. Schiller musste rechnen. Seine jährlichen Ausgaben für die Hauswirtschaft, die Bediensteten, für alles, was nebenbei nötig gebraucht wurde, betrugen über 1500 Reichstaler bei einem jährlichen Gehalt als Hofrat mit 400 Talern und ab Juni 1804, nach der vom Herzog gewährten Erhöhung, mit 800 Talern. Er machte sich ernsthafte Sorgen über die Zukunft und die materielle Sicherheit der Familie und wünschte, er könne erleben, seine Kinder – das vierte wurde in Kürze erwartet – so weit zu bringen, »dass sie sich gut durch die Welt helfen können«.

Er hatte auch wieder eine Krise und fühlte sich in Weimar nicht wohl. Als ihm der Berliner Theaterdirektor Iffland, ehemals Schauspieler in Mannheim, zum wiederholten Mal vorschlug, nach Berlin zu ziehen, fasste er während eines geschäftlich begründeten Aufenthaltes in Leipzig den Entschluss zu einer Berlin-Reise mit seiner Frau und den beiden Söhnen.

Dort sah er seine Dramen in aufwändigen Inszenierungen und wurde vom Publikum umjubelt. Man verwöhnte die Schillers, die viele Einladungen erhielten. Am 17. Mai 1804 wurden sie vom preußischen Königspaar auf Schloss Sanssouci empfangen. Schiller überlegte, ob er für einige Jahre in Berlin bleiben solle, und sprach mit Iffland auch darüber, dass er möglicherweise den Geschichtsunterricht des Kronprinzen übernehmen könne. Iffland trug Schillers Wunsch einem einflussreichen Mann vor, dem Geheimen Kabinettsrat von Beyme. Daraufhin lud dieser den Dichter zu sich ein, sprach mit ihm über einen möglichen Umzug und bot ihm eine Pension von 3000 Reichstalern an. Trotz dieses großzügigen Angebots reiste Schiller unentschlossen nach Weimar zurück. In einem Brief an seinen alten Freund Körner, mit dem er ja immer in Verbindung geblieben war, schrieb er:

Weimar, 28. Mai 1804
(...) Dass ich bei dieser Reise nicht bloß mein Vergnügen beabsichtigte, kannst du dir leicht denken; es war um mehr zu tun, und allerdings habe ich es jetzt in meiner Hand, eine wesentliche Verbesserung meiner Existenz vorzunehmen. Zwar wenn ich nicht auf meine Familie reflektieren

müsste, würde es mir in Weimar immer am besten gefallen. Aber meine Besoldung ist klein, und ich setze ziemlich alles zu, was ich jährlich erwerbe, sodass wenig zurückgelegt wird. Um meinen Kindern einiges Vermögen zu erwerben, muss ich dahin streben, dass der Ertrag meiner Schriftstellerei zum Kapital kann geschlagen werden, und dazu bietet man mir in Berlin die Hände. Ich habe da nichts gesucht, man hat die ersten Schritte gegen mich getan, und ich bin aufgefordert, selbst meine Bedingungen zu machen. (...)
Berlin gefällt mir und meiner Frau besser, als wir erwarteten. Es ist dort eine große persönliche Freiheit und eine Ungezwungenheit im bürgerlichen Leben. Musik und Theater bieten mancherlei Genüsse an, obwohl beide bei weitem das nicht leisten, was sie kosten. Auch kann ich in Berlin eher Aussichten für meine Kinder finden und mich vielleicht, wenn ich erst dort bin, auf manche Art verbessern. (...)
So stehen die Sachen. Lass mich doch in deinem nächsten Briefe hören, was ihr von der Sache haltet und mir ratet. Da das Glück einmal die Würfel in meine Hand gibt, so muss ich werfen, ich würde mir sonst immer Vorwürfe machen, wenn ich den Moment versäumte. (...)

Er blieb in Weimar. Vielleicht weil es Charlotte so wollte, die Weimar als Wohnsitz nicht mit Berlin tauschen wollte, vielleicht wegen der Verdoppelung der Pension, vielleicht auch aus gesundheitlichen Gründen. Schon im Juli 1804 wurde Schiller wieder sehr krank. Er hatte Charlotte nach Jena begleitet, wo sie unter der Aufsicht ihres bekannten Arztes das vierte Kind zur Welt brachte. Der Arzt machte sich um den

Dichter, der am Tag vor der Geburt an unerträglichen Schmerzen litt, mehr Sorgen als um die Mutter. Anscheinend erholte Schiller sich noch im Verlauf des Sommers ein wenig und er arbeitete auch, denn sein Lebenswille war stark und er war an so viele Qualen gewöhnt. Ihn beschäftigte sein letztes Drama, »Demetrius«, das er nicht mehr vollenden konnte.

Im Winter waren seine Fieberanfälle so stark, dass er oft das Bewusstsein verlor, und obendrein bekümmerte ihn die schwere Erkrankung Goethes.

Weimar, 22. Februar 1805

Es ist mir erfreulich, wieder ein paar Zeilen Ihrer Hand zu sehen, und es belebt wieder meinen Glauben, dass die alten Zeiten zurückkommen können, woran ich manchmal ganz verzage. Die zwei harten Stöße, die ich nun in einem Zeitraum von 7 Monaten auszustehen gehabt, haben mich bis auf die Wurzeln erschüttert, und ich werde Mühe haben, mich zu erholen.

Zwar mein jetziger Anfall scheint nur die allgemeine epidemische Ursache gehabt zu haben, aber das Fieber war so stark, dass mir ebenso zu Mute ist, als wenn ich aus der schwersten Krankheit erstünde, und besonders habe ich Mühe, eine gewisse Mutlosigkeit zu bekämpfen, die das schlimmste Übel in meinen Umständen ist. (...) Möge es sich täglich und stündlich mit Ihnen bessern und mit mir auch, dass wir uns bald mit Freuden wiedersehen. Sch.

Als Schiller im März zum ersten Mal das Haus verließ, besuchte er den kranken Goethe. Es wurde ein herzliches Wie-

dersehen. Alle hofften, mit dem Frühling kämen die Kräfte wieder. Charlotte blieb auch zuversichtlich, als Schiller am 1. Mai 1805 wieder Fieber bekam und sich wohl eine Lungenentzündung zugezogen hatte. Wie oft hatte er sich in all den Jahren wieder erholt. Aber diesmal war die Hoffnung vergebens.

Friedrich Schiller starb am 9. Mai.

Unser Schiller

»Denn er war unser!« Dieser bedeutungsvolle Satz aus Goethes »Epilog zu Schillers ›Glocke‹« machte sich selbständig wie die Zitate. Das Volk war sich einig, dem zu früh verstorbenen Dichter seine Liebe anzubieten und ihn zu seiner Identifikations-Figur zu erheben, die dann auf immer mehr Denkmalsockeln stehen durfte. In der zweiten Hälfte des zwanzigsten Jahrhunderts änderte sich das, die Identifikation ließ nach, aber wenigstens blieb eine gewisse Sympathie. Fragt man die Deutschen nach Schiller, lautet die Antwort immer ähnlich: Der war gut, der war nämlich rebellischer, ärmer, kränker und schöner als Goethe. Man fühlt sich Schiller näher, trotzdem ist ein Urteil über ihn meistens an den Vergleich mit Goethe gekoppelt.

Jedenfalls kann man sich Schiller nicht alt vorstellen. Er wurde kein Greis mit Marotten und grantigen Allüren. Zu der Vorstellung seiner edlen, kühnen und klassischen Schönheit trugen die vielen Denkmäler und vor allem die Büste seines Schulfreundes Heinrich Dannecker bei, die man in der Stuttgarter Staatsgalerie bewundern kann. Sie ist Symbol für einen Menschen, der Ideale vermitteln wollte und sich mühte, selbst danach zu leben.

Schillers hundertsten Geburtstag feierte das ganze Volk. »Unser Schiller« erfuhr eine beispiellose Verehrung – was man auch negativ ausdrücken kann: Ihm widerfuhr eine ungeheuerliche Vereinnahmung. Beides war wohl der Fall: die tiefe, ehrliche Zuneigung einzelner Bürger sowie seine Aneignung durch verschiedene Gruppierungen. Schon vorher

*hatten die zahlreichen Schiller-Vereine den Dichter für ihre Sache antreten lassen, für die bürgerlich-freiheitlichen Bestrebungen beispielsweise. Während der Feiern zum hundertsten Geburtstag musste er für die Ziele der nationalen Einheit herhalten. Niemand kann sich aussuchen, welche Kränze ihm die Nachwelt flicht. Diese Kränze saßen schlecht auf seinem Haupt. Trotzdem ist es rührend zu lesen, was die Poeten ihm zu Ehren reimten oder dichteten. Schon im Jahr 1860 erschien ein Buch mit dem Titel: »Erstes poetisches SCHILLER-ALBUM – Zur Erinnerung an die Säcularfeier des Dichters: begangen den 10. November 1859«. Ein Herr Joseph Landau schrieb in seinem Vorwort ganz liebe Sätze: »Mit Bienenemsigkeit, mit dem höchsten Interesse und unendlicher Hingebung, mit den Gefühlen tiefster Ehrfurcht vor dem gewaltigen Genius, habe ich in letzterer Zeit, auf dem Felde deutscher Journalistik, alle auf die Säcularfeier entstandenen poetischen Erscheinungen zu einem Album versammelt. Es sind blühende Rosen, hohe duftvolle Lilien, hie und da ein würziges Veilchen und wohl auch manches bescheidene Feldblümchen ist darunter. (…) Zu der Säcularfeier u n s e r e s Schiller, dieses großen monumentalen Stückes d e u t s c h e r G e s c h i c h t e, auch ein erinnerndes Zeichen hinzuzufügen, habe ich dieses Unternehmen gewagt. (…) Das Werk wird mehr als 100 Dichtungen, die Säcularfeier betreffend, enthalten.«
Erfreuen wir uns einiger stark gekürzter Beispiele:*

Das ist der Segen seiner Werke
Und das ist uns're heil'ge Schuld,
Dass wir durch Mut und Kraft und Stärke,

Durch Einigkeit und mit Geduld
Erstreben, was ihn hochbegeistert,
Und fördern, was sein Herz gewollt.
Die Freiheit, die ihn ganz bemeistert,
Das Schöne, dem er stets gezollt,
Sein ganzes Leben, seine Liebe
Dass es uns ewig eigen bliebe.

Ja, liebend muss ein Vater wohnen
Hoch über diesem Sternenzelt!
Mög' er dem großen Dichter lohnen,
Was er errang in dieser Welt.
O, könnte er die Wonne sehen,
Wär' diese Welt ihm nicht verhüllt,
Könnt' er den Jubelchor verstehen,
Der heute Deutschlands Luft erfüllt –
Dann würd' auch uns sein Geist umschweben
Und unserm Fest die Weihe geben.

* * *

Wir stehen, deine Erben,
Getrennt, doch ungebeugt:
Das Volk kann nicht verderben,
Das solche Männer zeugt.
Den du gestreut, der Same.
Er schießt in Ehren schon –
Gesegnet sei dein Name,
O Deutschlands liebster Sohn!

* * *

Seht und erkennt, was er in früh erblühter,
In stets bewahrter Jugend euch gelehrt!
Ausbeuten lernt unendliche reiche Güter,
Womit ihr den Besitz der Welt vermehrt,
Und höchster Schätze männlich starke Hüter,
Sie rein zu halten schwingt das Flammenschwert!

Reif aus, o Volk, in Freiheit und in Schöne,
Wie dieser gottgeliebte deiner Söhne!

* * *

Was du gesungen, es wird leben!
Erhaben über Brauch und Zeit
Dir ewig grüne Kränze weben
Im Glanze der Unsterblichkeit!
Und aus den Hütten, von den Thronen
Bringt dir das Vaterland die Kronen!

*Die Zeiten haben sich geändert und mit ihnen unser Verhält-
nis zu Friedrich Schiller. Wer webt ihm denn noch grüne
Kränze? Er wird in den Schulen wenig beachtet und vom
Publikum kaum gelesen. Auf den deutschen Bühnen werden
seine Stücke immer mal wieder gespielt, wenn auch nur selten werkgetreu. Jeder Regisseur inszeniert s e i n e n Schiller,
s e i n e n »Wallenstein« oder »Tell«, deutet auch »Die Räuber« und vor allem die Figur des Karl Moor ständig anders,
beispielsweise in einer geplanten Verfilmung von Matthias
Hartmann; er will Karl Moor als heimatlosen, einsamen
Menschen darstellen, als einen Mann, der nach Hause will.
Das Motto der Ruhr-Festspiele des Jahres 2001 in Reckling-
hausen war ein Ausspruch aus »Die Räuber«: »Mut, sag ich,
Mut!« Auch auf den im Winde fröhlich wehenden Fahnen
wurde den Bürgern mit diesem Satz vermittelt, dass sie mutig
aufbegehren sollen. Wogegen? Gegen das Vergessen unseres
großen Dichters? Gegen höhere Müllgebühren?
In unserer Zeit kümmert man sich also, wenn überhaupt, ak-*

tualisierend und entstaubend um Schiller. Ein Jahr vor dem
Fall der Berliner Mauer und der innerdeutschen Grenzen
machte beispielsweise das Schweriner Theater von sich reden, weil die Schweizer Eidgenossen auf der Bühne »Wir
sind ein Volk!« riefen.

Im Juni 1997 berichtete die »Süddeutsche Zeitung« über eine
Aufführung der »Räuber« in Ulm. Die Kritik hatte die Über-
schrift »Hotzenplotz' Jünger«:

»Jetzt hätten wir sie aber um ein Haar nicht wiedererkannt,
unsere Räuber. Sehen kommende Waldbanditen so aus?
Oder ist dies nur das Casting für eine Neuverfilmung vom
›Krieg der Knöpfe‹? Junge Männer, die doch gleich zornig
und weltgeschmerzt zu wilden Wölfen mutieren sollen, tol-
len in Schießer-Unterhosen herum, treiben Schabernack und

– hossa – kneifen einander in den Po. (…) Eine Geschichte, die einen nicht ehrlich mitreißt. Was in aller Welt bewegt Karl den Trantütigen (…), den heimeligen Ort der Kadetten-anstalt, wo sich's doch trefflich turnen und turteln lässt, ge-gen die Unwägbarkeiten eines Räuberlebens einzutauschen? Warum in drei Teufels Namen sind Kerle, die gehurt, ge-brannt, gemordet haben und dem Henker vom Schafott gehupft sind, immer noch so pseudoromantisch drauf, als hieße ihr Anführer Hotzenplotz und nicht Karl?«

Wofür steht Schiller heute? Nur für Pathos gemischt mit Comedy auf den Theaterbühnen? Nur für Weimarer Würste, den Tourismus in Thüringen oder Württemberger Wein? Glücklicherweise steht er in allen öffentlichen Bibliotheken; für alle steht er da, die Lust auf ihn haben.

»Das Lied von der Glocke«

Die Schenkungsurkunde des Moskauer Schiller-Komitees, das für die Stadt Marbach anlässlich des hundertsten Geburtstages Schillers eine Glocke gießen ließ, hat auszugsweise folgenden Text:
»An die geistlichen und weltlichen Vorstände der Stadt Marbach.
Hochehrwürdige, hochgeehrte Herren! Zieht der Deutsche in die Ferne, so nimmt er (…) vom heimatlichen Herde das heilige Feuer vaterländischer Bildung und Gesittung mit und vererbt es als sein teuerstes Gut Kindern und Enkeln zu

*sorglicher Pflege. (…) Ein Jahrhundert ist durch die Welt
gerauscht, seit dieses Doppelgestirns glänzendster Stern im
deutschen Vaterlande aufging, der nationalste unserer Dichter, Friedrich Schiller, im sängerreichen Schwaben geboren
ward. Der Jubel, von dem am 10. November dieses Jahres
Deutschlands Gauen erbeben, zittert auch in den deutschen
Bewohnern der alten Zarenstadt Moskau nach. Ihrem
Stammlande ein Unterpfand der Pietät darzubringen, haben
sie einhellig beschlossen, die Glocke, die der Dichter sang
und mit dem Namen Concordia taufte, auch plastisch zu gestalten und mit diesem Zeichen ihrer Verehrung eine Kirche
der Stadt zu schmücken, in welcher Schillers Wiege stand.
(…)«*

*Für die Leser des neunzehnten und des frühen zwanzigsten
Jahrhunderts war »Die Glocke« unangefochten Nummer
eins auf ihrer Hitliste der deutschen Gedichte. Sie nahmen
das Gedicht in ihren Besitz und hatten nichts an der Länge
auszusetzen. Aber das Lied ist so lang, so furchtbar lang
und nicht einmal aus einem Guss. Schiller hatte die Idee,
dem Leser einen handwerklichen Vorgang der vorindustriel-
len Zeit lyrisch zu erklären. Dieses Lied mit den schlichten
Anweisungen des Meisters an die Gesellen gelang ihm. Außerdem lässt Schiller den Leser an dem inneren Monolog
des Meisters teilhaben, an dessen lebensphilosophischen Gedanken über die guten und bösen Ereignisse des Lebens,
über die menschlichen Empfindungen und die Schicksals-
schläge. Der Schwung der Glocke begleitet des Lebens
wechselvolles Spiel. Aber wie eintönig und langatmig wirkt
das stellenweise.
Vielleicht hatten die Leser früher ein anderes Zeitgefühl,*

vielleicht erkannten sie sich in den treffenden Schilderungen des bürgerlichen Lebens wieder, in solchen etwa:

(...)
Der Mann muss hinaus
Ins feindliche Leben,
Muss wirken und streben
Und pflanzen und schaffen,
Erlisten, erraffen,
Muss wetten und wagen,
Das Glück zu erjagen.
Da strömet herbei die unendliche Gabe,
Es füllt sich der Speicher mit köstlicher Habe,
Die Räume wachsen, es dehnt sich das Haus.
Und drinnen waltet
Die züchtige Hausfrau,
Die Mutter der Kinder,
Und herrschet weise
Im häuslichen Kreise,
Und lehret die Mädchen
Und wehret den Knaben,
Und reget ohn Ende
Die fleißigen Hände,
Und mehrt den Gewinn
Mit ordnendem Sinn.
(...)

Die fleißigen Hände der sorgenden Hausfrau werden immerhin auch besungen. Und von der Doppelbelastung der berufstätigen Frau in späteren Zeiten konnte Schiller noch

*nichts wissen. Was er über die Männer sagt, trifft sogar noch
weitgehend zu.
Ich will nicht behaupten, dass die Leser damals den schlechten Geschmack hatten, den der Dichter oft kritisierte. Vielleicht merkten sie nicht, dass bei dieser Dichtung die Schönheit durch die Masse verletzt wurde, vielleicht suchte sich
auch jeder das aus, was ihm gefiel.
Hier nun Auszüge aus dem »Lied von der Glocke«, zunächst das so genannte »Glockengießer-Lied«, also ohne
den zwischengeschalteten Monolog des Meisters:*

Fest gemauert in der Erden
Steht die Form, aus Lehm gebrannt.
Heute muss die Glocke werden,
Frisch, Gesellen, seid zur Hand.
   Von der Stirne heiß
   Rinnen muss der Schweiß,
Soll das Werk den Meister loben,
Doch der Segen kommt von oben.

(...)

Nehmet Holz vom Fichtenstamme,
Doch recht trocken lasst es sein,
Dass die eingepresste Flamme
Schlage zu dem Schwalch hinein.
   Kocht des Kupfers Brei,
   Schnell das Zinn herbei,
Dass die zähe Glockenspeise
Fließe nach der rechten Weise.

(…)

Weiße Blasen seh ich springen,
Wohl! die Massen sind im Fluss.
Lassts mit Aschensalz durchdringen,
Das befördert schnell den Guss.
 Auch vom Schaume rein
 Muss die Mischung sein,
Dass vom reinlichen Metalle
Rein und voll die Stimme schalle.

(…)

Wie sich schon die Pfeifen bräunen!
Dieses Stäbchen tauch ich ein,
Sehn wirs überglast erscheinen,
Wirds zum Gusse zeitig sein.
 Jetzt, Gesellen, frisch!
 Prüft mir das Gemisch,
Ob das Spröde mit dem Weichen
Sich vereint zum guten Zeichen.

(…)

Wohl! Nun kann der Guss beginnen,
Schön gezacket ist der Bruch.
Doch, bevor wirs lassen rinnen,
Betet einen frommen Spruch!
 Stoßt den Zapfen aus!
 Gott bewahr das Haus.

Rauchend in des Henkels Bogen
Schießts mit feuerbraunen Wogen.

(...)

In die Erd ists aufgenommen,
Glücklich ist die Form gefüllt,
Wirds auch schön zutage kommen,
Dass es Fleiß und Kunst vergilt?
    Wenn der Guss misslang?
    Wenn die Form zersprang?
Ach! vielleicht, indem wir hoffen,
Hat uns Unheil schon getroffen.

(...)

Bis die Glocke sich verkühlet,
Lasst die strenge Arbeit ruhn,
Wie im Laub der Vogel spielet,
Mag sich jeder gütlich tun.
    Winkt der Sterne Licht,
    Ledig aller Pflicht
Hört der Pursch die Vesper schlagen,
Meister muss sich immer plagen.

(...)

Nun zerbrecht mir das Gebäude,
Seine Absicht hats erfüllt,
Dass sich Herz und Auge weide

An dem wohlgelungnen Bild.
   Schwingt den Hammer, schwingt,
   Bis der Mantel springt,
Wenn die Glock soll auferstehen,
Muss die Form in Stücke gehen.

(…)

Freude hat mir Gott gegeben!
Sehet! wie ein goldner Stern
Aus der Hülse, blank und eben,
Schält sich der metallne Kern.
   Von dem Helm zum Kranz
   Spielts wie Sonnenglanz,
Auch des Wappens nette Schilder
Loben den erfahrnen Bilder.

(…)

Herein! herein!
Gesellen alle, schließt den Reihen,
Dass wir die Glocke taufend weihen,
Concordia soll ihr Name sein,
Zur Eintracht, zu herzinnigem Vereine
Versammle sie die liebende Gemeine.

(…)

Jetzo mit der Kraft des Stranges
Wiegt die Glock mir aus der Gruft,

Dass sie in das Reich des Klanges
Steige, in die Himmelsluft.
 Ziehet, ziehet, hebt!
 Sie bewegt sich, schwebt,
Freude dieser Stadt bedeute,
Friede sei ihr erst Geläute.

*Friede und Freude, die Arbeit ist geschafft, ein Werk ist voll-
endet. Die Glocke erfüllt ihre Aufgabe, und beim ersten
friedvollen Läuten denkt noch kein Mensch daran, dass die
Glocken bei Gefahr Alarm läuten müssen. Nun ist noch ein
Auszug aus dem erwähnten stillen Selbstgespräch des Meisters zu lesen, in dem er Betrachtungen über eine Feuers-
brunst macht. Es könnte auch ein packendes, anschauliches
Einzelgedicht mit dem Titel »Das Feuer« sein.*

Wohltätig ist des Feuers Macht,
Wenn sie der Mensch bezähmt, bewacht,
Und was er bildet, was er schafft,
Das dankt er dieser Himmelskraft;
Doch furchtbar wird die Himmelskraft,
Wenn sie der Fessel sich entrafft,
Einhertritt auf der eignen Spur
Die freie Tochter der Natur.
Wehe, wenn sie losgelassen
Wachsend ohne Widerstand
Durch die volkbelebten Gassen
Wälzt den ungeheuren Brand!
Denn die Elemente hassen
Das Gebild der Menschenhand.
Aus der Wolke
Quillt der Segen,
Strömt der Regen,
Aus der Wolke, ohne Wahl,
Zuckt der Strahl!
Hört ihrs wimmern hoch vom Turm?
Das ist Sturm!
Rot wie Blut
Ist der Himmel,
Das ist nicht des Tages Glut!
Welch Getümmel
Straßen auf!
Dampf wallt auf!
Flackernd steigt die Feuersäule,
Durch der Straße lange Zeile
Wächst es fort mit Windeseile,

Kochend wie aus Ofens Rachen
Glühn die Lüfte, Balken krachen,
Pfosten stürzen, Fenster klirren,
Kinder jammern, Mütter irren,
Tiere wimmern,
Unter Trümmern,
Alles rennet, rettet, flüchtet,
Taghell ist die Nacht gelichtet,
Durch der Hände lange Kette
Um die Wette
Fliegt der Eimer, hoch im Bogen
Sprützen Quellen, Wasserwogen.
Heulend kommt der Sturm geflogen,
Der die Flamme brausend sucht.
Prasselnd in die dürre Frucht
Fällt sie, in des Speichers Räume,
In der Sparren dürre Bäume,
Und als wollte sie im Wehen
Mit sich fort der Erde Wucht
Reißen, in gewaltger Flucht,
Wächst sie in des Himmels Höhen
Riesengroß!
Hoffnungslos
Weicht der Mensch der Götterstärke,
Müßig sieht er seine Werke
Und bewundernd untergehen.

*Da kann einem doch der Atem wegbleiben, aus Faszination
vor der Gewalt des Feuers, aus Bewunderung vor der Kraft
der Sprache des Dichters Friedrich Schiller. Das Gedicht lei-*

det zwar an der Überlänge, an vielen zu pathetischen Formulierungen, aber es besteht gar kein Zweifel daran, dass auch
in dem »Lied von der Glocke« das Schillersche Genie erkannt werden kann. Viele Reimzeilen sind wunderschön, einzelne Gedanken des Meisters regen zum Weiterdenken an.
Anregend zum Weiterdichten waren sie allerdings auch. Die
zahlreichen Zitate aus der »Glocke«, die wir immer noch in
unserem Sprachgebrauch haben, brachten so manchen deutschen Bürger auf die Idee, es auch einmal mit dem Dichten
zu versuchen. Und auch diese Parodien wurden Volksgut,
von einem zum andern weitergereicht. Deshalb abschließend
ein paar Kostproben. Zunächst die ursprüngliche Zeile oder
der Originalreim, dann folgt die Parodie:

> Drum prüfe, wer sich ewig bindet,
> Ob sich das Herz zum Herzen findet!
> *Drum prüfe, wer sich ewig bindet,*
> *Ob sich nicht noch was Bess'res findet.*

* * *

> Und drinnen waltet die tüchtige Hausfrau.
> *Und drinnen hascht die süchtige Hausfrau.*

* * *

> Er zählt die Häupter seiner Lieben,
> Und sieh! Ihm fehlt kein teures Haupt.
> *Er zählt die Flaschen, die ihm blieben.*
> *Es sind zu wenig, nur noch sieben.*

* * *

Wo rohe Kräfte sinnlos walten,
Da kann sich kein Gebild gestalten.
Wo rohe Kräfte sinnlos walten,
Da kann kein Knopf die Hose halten.

Nachweislich waren es vor allem Schüler, die solche Nach-ahmungen der Schillerschen Sätze verfasst haben, Schüler, die sich mit seinen umfangreichen Gedichten in irgendeiner Weise befassen mussten. Sie fanden auch Kurzformen für Balladen und lange Verse, und aus der riesigen Glocke machten sie ohne Respekt ein ganz winziges Glöcklein:

Loch in Erde,
Bronze rin.
Glocke fertig,
Bim, bim, bim.

Schiller, verzeih!

Zeittafel

1759 Am 10. November wird Johann Christoph Friedrich Schiller als Sohn des Wundarztes und Offiziers Johann Kaspar Schiller und dessen Ehefrau Elisabeth Dorothea, geborene Kodweiß, in Marbach am Neckar geboren.

1764 Die Familie Schiller lebt in Lorch, wo Friedrich Unterricht bei dem Pfarrer Moser erhält.

1766 Umzug in die Garnisonsstadt Ludwigsburg

1767 Besuch der Lateinschule

1773 Beginn der Erziehung in der Hohen Karlsschule

1777 Schiller beginnt mit seiner Arbeit an dem Stück »Die Räuber«.

1780 Er wird Regimentsmedikus in Stuttgart.

1782 Der junge Dichter besucht am 13. Januar ohne die Erlaubnis des Herzogs die erste Aufführung der »Räuber« in Mannheim. Das Stück hatte großen Erfolg beim Publikum. Am 14. Juli muss er für zwei Wochen in Arrest, weil er wieder nach Mannheim gereist war. Am 22. September flüchtet er mit seinem Freund Andreas Streicher aus Stuttgart. Nach unerfreulichen Aufenthalten in Mannheim, Frankfurt und Oggersheim nimmt Schiller die Einladung von Henriette von Wolzogen an, in ihrem Haus in Bauerbach (Thüringen) zu wohnen.

1783 Er beendet »Kabale und Liebe« und schreibt am »Don Carlos«. Er verlässt Bauerbach am 24. Juli und reist nach Mannheim.

1784 Das Stück »Kabale und Liebe« wird in Mannheim mit Erfolg aufgeführt.

1785 Schiller lernt Christian Gottfried Körner kennen und lebt bis zum Juli 1787 als dessen Gast in Leipzig und Dresden.

1787 »Don Carlos« erscheint. Schiller geht nach Weimar. Er macht die Bekanntschaft von Herder und Wieland. Nach einem Besuch in Meiningen bei seiner Schwester Christophine Reinwald lernt er in Rudolstadt Caroline und Charlotte von Lengefeld kennen.

1788 Schiller wird am 15. Dezember außerordentlicher Professor für Geschichte.

1789 Umzug nach Jena im Mai. Am 26. Mai hält er die berühmte Vorlesung über Universalgeschichte. Im August verlobt er sich mit Charlotte von Lengefeld.

1790 Hochzeit am 22. Februar. Die »Geschichte des Dreißigjährigen Krieges« erscheint.

1791 Schiller erkrankt ernsthaft.

1793 In Ludwigsburg wird Schillers erster Sohn geboren. Die Familie hält sich von August 1793 bis Mai 1794 in Schwaben auf. Schiller sieht seine Familie und alte Freunde wieder. Er verhandelt in Tübingen mit seinem künftigen Verleger Cotta.

1794 Am 15. Mai ist die Familie Schiller wieder in Jena. Die Freundschaft mit Goethe beginnt.

1796 Die beiden Dichter dichten die »Xenien«. Schiller arbeitet am »Wallenstein«.

1797 Im so genannten Balladenjahr schreiben Goethe und Schiller viele ihrer berühmten Balladen in einer Art Wettstreit.

1799 Im Dezember zieht die Familie endgültig nach Weimar. In den folgenden Jahren schreibt Schiller die Dramen »Maria Stuart«, »Die Jungfrau von Orleans«, »Die Braut von Messina« und »Wilhelm Tell«.

1804 Reise nach Berlin

1805 Schiller arbeitet am »Demetrius«, den er nicht vollenden kann. Er stirbt am 9. Mai.

Dagmar Matten-Gohdes
Goethe ist gut
Ein Goethe-Lesebuch
Mit zeitgenössischen Bildern und mit
Zeichnungen von Marie Marcks
Gulliver Taschenbuch (78539), 200 Seiten *ab 12*

Ein Goethe-Lesebuch, nicht nur für Kinder! Es enthält Gedichte,
Texte aus »Dichtung und Wahrheit«, Briefzitate und vieles mehr.
In Zwischentexten ist etwas zu erfahren über Goethes Leben, über
seine Reisen, über Familie und Freunde. Auch über seine Werke
wird berichtet. Dies alles in lockerer Folge, informativ und
kurzweilig.

www.beltz.de
Beltz & Gelberg, Postfach 10 01 54, 69441 Weinheim